Nico Biermanns

Landarzt und SS-Sturmbannführer

AF295606

Nico Biermanns

Landarzt und SS-Sturmbannführer

Der Kreuzauer Arzt Dr. med. August Bender
Eine kritische Biografie

Kritische Beiträge zur Lokal- und Regionalgeschichte, Band 1

BERTRAM-WIELAND-ARCHIV
für die Geschichte der Arbeiterbewegung e.V

1. Auflage 2019
© Bertram-Wieland-Archiv für die Geschichte der Arbeiterbewegung e.V., Düren
www.bertram-wieland-archiv.de
kontakt@bertram-wieland-archiv.de

Umschlaggestaltung und Layout: Dominik Clemens
Herstellung: BoD Norderstedt

Die Deutsche Nationalbibliothek verzeichnet diese Publikation in der Deutschen Nationalbibliografie. Detaillierte bibliografische Daten sind im Internet unter der Adresse dnb.d-nb.de abrufbar.

ISBN 978-3-9818589-0-7

Die Reihe *Kritische Beiträge zur Lokal- und Regionalgeschichte* wird von Dominik Clemens im Auftrag des Bertram-Wieland-Archiv für die Geschichte der Arbeiterbewegung e.V. betreut und herausgegeben.

Inhaltsverzeichnis

Vorwort

Seit 2017 erforscht das Bertram-Wieland-Archiv für die Geschichte der Arbeiterbewegung e.V. verstärkt das Schicksal von Menschen aus dem Kreis Düren, die in das Konzentrationslager Buchenwald verschleppt wurden. Ziel unseres Projektes „Das Schicksal von Dürenern im KZ Buchenwald" ist es, die Biografien dieser NS-Verfolgten in das öffentliche Bewusstsein zu rücken. Unser Interesse fokussierte sich zunächst auf politisch Verfolgte aus den Reihen der Arbeiterbewegung. Neben unserem Namenspatron Bertram Wieland, der im November 1944 unter nicht näher geklärten Umständen in Wansleben am See in einem Außenlager Buchenwalds zu Tode gekommen ist, konnten wir so eine ganze Reihe von Personen ausfindig machen, die in Buchenwald inhaftiert oder ermordet wurden.

Im Zuge des Projektes konnte ferner die Deportation von 83 Menschen am 14. Januar 1944 von der Provinzial-Heil- und Pflegeanstalt Düren nach Buchenwald und von dort in weitere Lager erstmalig rekonstruiert und das Schicksal der meisten Betroffenen weitgehend aufgeklärt werden. Die Ergebnisse dieser Nachforschungen haben wir im Dezember 2018 im Rahmen einer Ausstellung im Dürener Kreishaus präsentiert.

Es war naheliegend, den Blick nicht nur auf die Opfer, sondern auch auf die Täter aus der Dürener Region zu richten. Hier ragt der in Kreuzau geborene Dr. August Bender (1909–2005) heraus: Als SS-Lagerarzt in Buchenwald war er in exponierter Funktion willfähriger Helfer bei den im Konzentrationslager begangenen Verbrechen. Trotz Verurteilung im Buchenwald-Hauptprozess konnte er in der jungen Bundesrepublik weitgehend unbehelligt seine Karriere als Mediziner fortsetzen und avancierte zum beliebten Landarzt in Vettweiß-Kelz (Kreis Düren).

Nico Biermanns hat sich im Rahmen seines Studiums an der RWTH Aachen intensiv mit dem Lebensweg Benders beschäftigt. Auf Einladung des Bertram-Wieland-Archivs und des Kreisverbands Düren des Deutschen Gewerkschaftbundes (DGB) hat er im September 2018 seine Forschungsergebnisse erstmals vor rund 100 Zuhörern im Dürener

KOMM einer breiteren Öffentlichkeit vorgestellt. Das hohe Interesse an der Vita Benders unterstreicht die Bedeutung des Mediziners im kollektiven Gedächtnis der Kelzerinnen und Kelzer. Die lebhafte Debatte im Anschluss an den Vortrag, getragen von Empörung ehemaliger Patienten Benders, aber auch dem Reflex, die Ortschaft Kelz vom „Makel" Benders zu entlasten, machte deutlich, dass die Deutung der lokalen NS-Vergangenheit nach wie vor ein umstrittenes Terrain ist. Die nun vorgelegte Studie – eine deutlich erweiterte Fassung einer am Historischen Institut der RWTH Aachen eingereichten Seminararbeit – soll auch dazu beitragen, die angestoßene Debatte fortzuführen und auf eine wissenschaftlich fundierte Basis zu stellen. Sie fußt auf der Auswertung umfangreicher Quellen und zeichnet den Lebensweg Benders detailliert nach.

Die Bedeutung der Forschung Biermanns' geht jedoch über den rein lokalhistorischen Aspekt deutlich hinaus. Die biografische Studie liefert neue Erkenntnisse über die Rolle von Medizinerinnen und Medizinern in der NS-Zeit sowie den Lageralltag im Konzentrationslager Buchenwald und stellt exemplarisch den Umgang mit NS-Verbrechen in der westdeutschen Nachkriegsgesellschaft dar. Ferner schärft sie den Blick für die Netzwerke von SS-Veteranen, die auch im Kreis Düren in Gestalt der Hilfsgemeinschaft auf Gegenseitigkeit der Angehörigen der ehemaligen Waffen-SS (HIAG) bis in die 1990er Jahre aktiv waren.

Die vorliegende Arbeit begründet die Reihe *Kritische Beiträge zur Lokal- und Regionalgeschichte*. In dieser Schriftenreihe des Bertram-Wieland-Archivs werden künftig in loser Folge Publikationen zur Geschichte der Arbeiterbewegung und zu Widerstand und Verfolgung in der NS-Zeit insbesondere im Dürener Raum erscheinen.

Dominik Clemens
Bertram-Wieland-Archiv für die Geschichte der Arbeiterbewegung e.V.
Düren, im Juni 2019

Zum Geleit

Die Schutzstaffel der NSDAP (SS) war der radikalste Träger der nationalsozialistischen Herrschaftspraxis. Als persönliche Leibwache Adolf Hitlers in den 1920er Jahren gegründet, avancierte sie unter Reichsführer-SS Heinrich Himmler zur mächtigsten Organisation des „Dritten Reiches". Verantwortlich für die Planung und Durchführung des Holocaust, ermordeten die Angehörigen der SS in der Sowjetunion und in den Konzentrationslagern über sechs Millionen europäische Juden. Ihr bewaffneter Arm, die Waffen-SS, überzog Europa mit Terror und verübte mit der Vernichtung von Ortschaften wie Oradour (Frankreich) oder Marzabotto (Italien) sowie der Erschießung von Kriegsgefangenen wie bei Malmedy (Belgien) die bekanntesten Kriegsverbrechen des Zweiten Weltkriegs. Nach der bedingungslosen Kapitulation des Deutschen Reichs begannen die Alliierten mit der juristischen Ahndung der NS-Gewaltverbrechen. Die SS-Führer wurden interniert und sahen sich Gerichtsverfahren ausgesetzt; die SS wurde im Nürnberger Prozess zu einer verbrecherischen Organisation erklärt und stand als Synonym für den Schrecken der deutschen Gewaltherrschaft. In der Bundesrepublik konnten sich im Rahmen von Konrad Adenauers „Vergangenheitspolitik" die allermeisten SS-Mitglieder bald wieder gesellschaftlich integrieren, und mehr noch: Organisierten SS-Veteranen gelang es, mit ihrer Lobbyarbeit und über ihre Publikationen die Mär zu festigen, sie seien als Angehörige der Waffen-SS „Soldaten wie andere auch" gewesen. So negierten sie ihre Verantwortung an den Verbrechen, wenn sie diese nicht ohnehin gänzlich leugneten. Ganz allgemein blieben sie bis zuletzt im Gedankengut der SS-Weltanschauung verhaftet.

Zu diesem Personenkreis zählt auch der ehemalige SS-Sturmbannführer August Bender (1909–2005), der sich 1938 freiwillig zu den SS-Totenkopf-Verbänden gemeldet hatte. Als SS-Arzt versah er Dienst im Konzentrationslager Buchenwald und in den Reihen der SS-Totenkopf-Division nahm er am Überfall auf die Sowjetunion teil.

Nico Biermanns legt mit „Landarzt und SS-Sturmbannführer: Der Kreuzauer Arzt Dr. med. August Bender" nunmehr dessen Biografie vor. Die akribische Studie, die auf einer im Seminar „SS-Ärzte: Biografien und Netzwerke vor und nach 1945" am Historischen Institut der RWTH Aachen entstandenen Arbeit aufbaut, zeichnet den Lebensweg eines Mannes nach, der geradezu als prototypisch für SS-Ärzte seiner Generation gelten kann: Karriere in der SS, Verurteilung als Kriegsverbrecher durch die Alliierten, Begnadigung unter den Vorzeichen des Kalten Krieges, Karrierefortsetzung mit eigener Praxis, gesellschaftliche Integration und Anerkennung in der Bundesrepublik. Zu einer kritischen Auseinandersetzung mit der eigenen Geschichte und der persönlichen Verantwortung an den Verbrechen in den Konzentrationslagern war Bender nicht bereit. Im Gegenteil, wie Biermanns über die Auswertung des schriftlichen Nachlasses Benders belegen kann, schwärmte dieser noch im hohen Alter über die geradezu unbegrenzten Möglichkeiten, die ihm als Arzt im Konzentrationslager geboten wurden und leugnete die Ermordung von Menschen in Gaskammern. Zu den besonders aufschlussreichen Untersuchungen gehört die Haftzeit Benders im Kriegsverbrechergefängnis Landsberg. Hier gelang es Bender, die Hinrichtung von Mithäftlingen durch gezieltes „krankmachen" aufzuschieben oder zu verhindern. Bei seiner Entlassung konnte er die Aufzeichnungen des hingerichteten Karl Brandt, lange Jahre Hitlers Begleitarzt und verantwortlich für das NS-Euthanasie-Programm, aus dem Gefängnis schmuggeln und später dessen Witwe übergegeben. Biermanns kann hier SS-Netzwerke nachzeichnen, die Bender nach seiner Haftentlassung weiter pflegte; selbst die Witwe Heinrich Himmlers besuchte ihn einmal.

Biermanns leistet mit seiner Biografie über August Bender einen wichtigen Beitrag zur Aufarbeitung von Lebenswegen von SS-Ärzten in Krieg und Nachkriegszeit. Darüber hinaus stößt die Arbeit aber auch die kritische Auseinandersetzung und Diskussion im Umgang mit dem Erbe der NS-Vergangenheit in der eigenen Region an: Die öffentlichen Aktivitäten der von Bender mitgegründeten umtriebigen HIAG-Ortsgruppe Düren wurden bis zur deren Auflösung 1993 freundlich toleriert und nicht hinterfragt – ein Stück bundesdeutscher Zeitgeschichte.

Dr. Jens Westemeier und Dr. Mathias Schmidt
Institut für Geschichte, Theorie und Ethik der Medizin der RWTH Aachen
Aachen, im März 2019

1. Einleitung

„Zusammenfassend erkläre ich, dass ich mich völlig schuldlos fühle."[1] – Mit diesen Worten beteuert der ehemalige SS-Arzt Dr. med. August Bender in einer Vernehmung durch die Staatsanwaltschaft Köln seine Unschuld und bestreitet jegliche Mitwirkung und Mitwisserschaft an den im Konzentrationslager Buchenwald verübten Verbrechen gegen die Menschlichkeit. Klischeehafter könnte eine Unschuldsbeteuerung eines hochrangigen SS-Angehörigen kaum daherkommen. 1964, im Jahr der Vernehmung, war Bender bereits seit gut 15 Jahren praktizierender Landarzt der kleinen Ortschaft Kelz bei Vettweiß (Kreis Düren) und hatte sich in der jungen, vergessen wollenden Bundesrepublik bestens eingerichtet: etwa 5.500 DM brutto im Monat, zwei Kraftfahrzeuge, Fabrikat Fiat 1500 und 1100, ein neues Haus, etwa 100.000 DM Bausumme, der Sohn studiert, die Tochter geht auf die Frauenfachschule.[2] Deutsche Spießigkeit und heile Welt par excellence.

Doch wer genau war dieser August Bender, der allgemein doch eher zu den unbekannteren Protagonisten seiner Zeit zählt, und was war seine Aufgabe im nationalsozialistischen Vernichtungsgetriebe? Was erfahren wir über seine Nachkriegsbiografie? Von 1938 bis 1939 war Bender Truppen- und Familienarzt bei den SS-Totenkopfverbänden in Buchenwald und nahm aushilfsweise auch lagerärztliche Aufgaben wahr. Bis Anfang 1944 nahm er als Truppenarzt bei der SS-Totenkopfdivision an Fronteinsätzen an der West- und Ostfront teil und kam dann bis Kriegsende wieder nach Buchenwald. Hier fungierte er ab August 1944 als Zweiter Lagerarzt und war im Rahmen dieser Tätigkeit an zahlreichen Häftlingsselektionen beteiligt. Nach einer Verurteilung im Dachauer Buchenwald-Prozess 1947 und einer Haftverkürzung von zehn auf drei Jahren war Bender bereits im Sommer 1948 wieder ein freier Mann.

---

1 Vernehmung von August Bender durch Staatsanwalt Dr. Korsch am 22.01.1964, LA NRW, Rep. 118 Nr. 2.
2 Vgl. ebd.

Benders Biografie ist bislang weitgehend unerforscht, womit sie in der Gruppe der KZ-Ärzte keine Ausnahme bildet.[3] Erwähnung findet Bender in einem Aufsatz zur Provenienzgeschichte der Menora aus der Synagoge in Vettweiß.[4] Wertvolle Hinweise auf das Wirken Benders im KZ Buchenwald und den Prozess liefert außerdem die juristische Studie von Werner Scherf aus dem Jahr 1987.[5] Die Studie als Versuch eines Überblicks über die Strafverfolgung der Buchenwalder SS-Ärzte und Sanitätsdienstgrade ist im Hinblick auf ihre Vollständigkeit insgesamt beachtenswert – sie listet 155 Buchenwald-Mediziner, davon 79 mit vollständigen Daten und Angabe des weiteren Verbleibs in der Nachkriegszeit.[6] Während die Forschungsliteratur zu Bender äußerst spärlich ausfällt, ist die Quellenlage ungewöhnlich ausführlich. Überliefert sind neben der SSO- und RuSHA-Akte[7] im Bundesarchiv Berlin u. a. Personalunterlagen bei der Deutschen Dienststelle (WASt), die Gefängnisakte aus Landsberg bei der U.S. National Archives and Records Administration (NARA), die Entnazifizierungsakte Benders im Landesarchiv Nordrhein-Westfalen, Ermittlungsakten der Staatsanwaltschaft Köln ebenfalls im Landesarchiv Nordrhein-Westfalen und der schriftliche Nachlass Benders im Bundesarchiv Koblenz. Daneben konnten relevante Unterlagen im Archiv des Internationalen Suchdienstes (ITS) in Bad Arolsen ausfindig gemacht werden. Besonders ergiebig war im Rahmen der Untersuchung die Auswertung der Ermittlungsakten der Staatsanwaltschaft Köln und des schriftlichen Nachlasses Benders, wobei hier vor allem Benders handschriftlich verfasste Memoiren aus dem Jahr 1993 aufschlussreich waren.

---

3 Vgl. Pukrop, Marco: Die SS-Karrieren von Dr. Wilhelm Berndt und Dr. Walter Döhrn. Ein Beitrag zu den unbekannten KZ-Ärzten der Vorkriegszeit, in: Werkstatt Geschichte 62 (2012), S. 76–93, hier S. 77.

4 Vgl. Reuter, Ursula: Der Leuchter aus der Synagoge in Vettweiß. Zur Geschichte eines Objekts und seiner Besitzer, in: Kreisjahrbuch Düren 2015, S. 97–106.

5 Vgl. Scherf, Werner: Die Verbrechen der SS-Ärzte im KZ Buchenwald – der antifaschistische Widerstand im Häftlingskrankenbau. 2. Beitrag: Juristische Probleme, Berlin, Humboldt-Univ., Diss., 1987.

6 Vgl. ebd., Anhang, S. 8.

7 SSO-Akte: Personalakte von SS-Führern (SS officer file); RuSHA-Akte: Akte des Rasse- und Siedlungshauptamtes der SS.

Im Folgenden wird der Versuch unternommen, das sehr umfangreiche Quellenmaterial möglichst umfassend auszuwerten und die Biografie Benders nachzuzeichnen. Methodisch wird weitgehend chronologisch vorgegangen, wobei an einigen Stellen thematische Komplexe zeitunabhängig zusammengefasst werden. Die Biografie gliedert sich in die großen Blöcke soziale Herkunft, beruflicher und politischer Werdegang bis 1938, Karriere in der SS und Tätigkeit im KZ Buchenwald, „Zusammenbruch" und erste Nachkriegsjahre sowie Landarztkarriere und Selbstwahrnehmung in der Bundesrepublik. Anhand seiner Selbstinszenierung wird deutlich werden, dass Bender ein apologetisches Narrativ wählte, das die eigene NS-Vergangenheit zwar nicht pauschal verleugnete, aber wichtige Einzelheiten beliebig modifizierte und verklärte. Dass er mit dieser Geschichtsklitterung höchst erfolgreich war und noch immer ist, wird diese Arbeit zeigen.

2. Soziale Herkunft, beruflicher und politischer Werdegang bis Oktober 1938

Heinrich August Bender wurde am 2. März 1909 als Sohn des „Gemeindeempfängers" Johann Michael Bender und seiner Ehefrau Maria Agnes, geb. Kayser, in Kreuzau, Kreis Düren, geboren.[8] Sein Vater war als Amtsrentmeister der Gemeinde Kreuzau Teil der wilhelminischen Beamtenschaft, sein Großvater und Namenspate Heinrich August Kayser gehörte als Papierfabrikant[9] zum Kreis der vermögenden Dürener Industriellen. So verlebte August Bender seine Kindheit und Jugend in einem gut situierten bürgerlichen Elternhaus, wo er nach katholisch-konservativen Werten erzogen wurde.[10] Er hatte mindestens eine Schwester.[11] Bender gehört mit seinem Geburtsjahr 1909 der sogenannten Kriegsjugendgeneration an, die den Ersten Weltkrieg und insbesondere dessen Folgen als Kind zwar miterlebte, aber für Militärdienst und Fronteinsatz zu jung war.[12] Die junge Kriegsjugendgeneration, die Michael Wildt auch als „Generation des Unbedingten" bezeichnet[13], charakterisiert sich Günther Gründel zufolge vor allem durch Emotionslosigkeit und das Bemühen um die Kontrolle von Emotionen.[14]

Von 1915 bis 1920 besuchte Bender die Volksschule Kreuzau und wechselte danach auf das Realgymnasium in Düren, wo er Ostern 1929 das Abitur ablegte. Anschließend nahm er ein medizinisches Studium an der Universität Bonn auf. In Bonn bestand er nach fünf Semestern im Sommersemester 1931 die ärztliche Vorprüfung (Physikum)

---

8 Vgl. Eintrag im Geburtenregister Kreuzau Nr. 26/1909.

9 Vgl. SS-Ahnentafel August Bender, BA Berlin, R 9361 III/10619.

10 Vgl. Vernehmung von August Bender durch Staatsanwalt Dr. Korsch am 22.01.1964, LA NRW, Rep. 118 Nr. 2.

11 Vgl. Memoiren August Bender: Abschnitt „Standarte ‚Thüringen'. KL.-Buchenwald" vom Dezember 1993, BA Koblenz, N 1788/4.

12 Vgl. Gründel, Günther: Die Sendung der jungen Generation. Versuch einer umfassenden revolutionären Sinndeutung der Krise, München 1932, S. 22–64.

13 Vgl. Wildt, Michael: Generation des Unbedingten. Das Führungskorps des Reichssicherheitshauptamtes, Hamburg 2002.

14 Vgl. Gründel 1932, S. 81 f.

und besuchte während der klinischen Semester die medizinischen Fakultäten der Universitäten Köln, Freiburg und Kiel, wo er am 19. Februar 1935 das medizinische Staatsexamen bestand und am 22. Februar 1935 promoviert wurde, jeweils mit dem Prädikat „gut".[15]

In der von Prof. Dr. Leopold Heine betreuten medizinischen Dissertation mit dem Titel „Chorioretinitis. Sehstörung und Lebensdauer" untersucht Bender „Fälle von Aderhautentzündungen, die in den Jahren 1907 bis 1915 in der Universitäts-Augenklinik Kiel zur Behandlung kamen, unter besonderer Berücksichtigung der Sehstörungen und der Lebensdauer"[16]. Er kommt – auch im soziobiologistischen Sinne der „Volksgesundheit"[17] – zu dem Schluss, die rechtzeitige Erkennung und sachgemäße Behandlung der Aderhautentzündungen als Ausgangspunkt für Sehstörungen und Erblindungen sei „von größtem sozialem Interesse, insbesondere auch für Berufsberatung und Beurteilung erblicher Erkrankungen."[18] In dem der veröffentlichten Dissertation beigefügten kurzen Lebenslauf betont Bender: „ich bin arischer Abstammung."[19] Insgesamt wird durch den Besuch des Realgymnasiums, die anschließende akademische Ausbildung und die Promotion zum Doktor der Medizin ein sozialer Aufstieg im Umfeld einer Familie ohne akademischen Hintergrund deutlich.

Nach bestandenem medizinischen Staatsexamen sammelte Bender Praxiserfahrungen als Medizinalpraktikant in der Universitäts-Hautklinik

---

15 Vgl. Handschriftlicher Lebenslauf August Bender [undatiert; Okt. 1938], BA Berlin, R 9361 III/516482; Entnazifizierungsbogen August Bender, NARA RG 549, WCPL, Box 6, August Bender; Entnazifizierungsbogen August Bender, LA NRW, NW 1081/4498; Vernehmung von August Bender durch Staatsanwalt Dr. Korsch am 22.01.1964, LA NRW, Rep. 118 Nr. 2. Es lässt sich im Einzelnen folgender Studienverlauf rekonstruieren: 1.–5. Semester Bonn (bis Sommersemester 1931), 6. Semester Köln, 7. Semester Kiel, 8. Semester Freiburg (Wintersemester 1932/33), 9.–11. Semester Kiel (bis Wintersemester 1934/35).

16 Bender, August: Chorioretinitis. Sehstörung und Lebensdauer, Kreuzau 1935 (zugl.: Kiel, Univ., Diss., 1935), S. 1. Die Dissertationsschrift ist insgesamt nur 15 Seiten stark.

17 Vgl. dazu Kater, Michael H.: ‚Volksgesundheit'. Ein biopolitischer Begriff und seine Anwendung, in: Lehmann, Hartmut/Oexle, Otto G. (Hrsg.): Nationalsozialismus in den Kulturwissenschaften, Bd. 2: Leitbegriffe – Deutungsmuster – Paradigmenkämpfe. Erfahrungen und Transformationen im Exil (= Veröffentlichungen des Max-Planck-Instituts für Geschichte 211), Göttingen 2004, S. 101–114.

18 Bender 1935, S. 13.

19 Ebd., S. 15.

Kiel (20. Februar bis 31. Mai 1935), der Inneren Klinik des Städtischen Krankenhauses Aachen (1. Juni bis 30. September 1935) und der Universitäts-Frauenklinik Kiel (1. Oktober 1935 bis 20. Februar 1936).[20] Mit Abschluss des von der Reichsärzteordnung vorgeschriebenen praktischen Jahres erfolgte mit Wirkung vom 20. Februar 1936 schließlich die Bestallung (Approbation) als Arzt.[21] Anschließend übernahm Bender bis zu seiner hauptamtlichen Anstellung bei den SS-Totenkopfverbänden im Oktober 1938 über zwei Jahre lang Vertretungen von Stadt- und Landärzten im Kieler und Dürener Raum.[22] Zwischenzeitlich nahm er von Oktober bis Dezember 1937 freiwillig an einer zweimonatigen Waffenübung der Wehrmacht in Paderborn teil (16. Kp. Erg.-Btl. Inf.-Rgt. 78).[23]

Bereits als junger Medizinstudent war Bender zum Stichtag 1. Mai 1933 unter der Mitgliedsnummer 2.087.161 in die NSDAP[24] und nach Ende der Aufnahmesperre zum 1. November 1933 unter der Mitgliedsnummer 194.671 in die Allgemeine SS[25] eingetreten. Von 1937 bis Oktober 1938 war Bender außerdem Mitglied des Nationalsozialistischen Deutschen Ärztebundes (NSDÄB).[26] Obschon er später eingesteht, „das System seinerzeit bejaht" und für richtig gehalten zu haben, entschuldigte Bender

20 Vgl. Handschriftlicher Lebenslauf August Bender [undatiert; Okt. 1938], BA Berlin, R 9361 III/516482; Entnazifizierungsbogen August Bender, NARA RG 549, WCPL, Box 6, August Bender; Entnazifizierungsbogen August Bender, LA NRW, NW 1081/4498; Vernehmung von August Bender durch Staatsanwalt Dr. Korsch am 22.01.1964, LA NRW, Rep. 118 Nr. 2.

21 Vgl. Abschrift der Bestallung für Heinrich August Bender als Arzt vom Reichs- und Preußischen Minister des Innern vom 12.06.1936, BA Berlin, R 9361 III/516482. Vgl. auch Eintrag August Bender, 02.03.1909, im Reichsarztregister der KV Deutschland, BA Berlin, R 9347.

22 Vgl. Auflistung und Zeugnisse sämtlicher Vertretungen, BA Berlin, R 9361 III/516482; Handschriftlicher Lebenslauf August Bender [undatiert; Okt. 1938], BA Berlin, R 9361 III/516482; Entnazifizierungsbogen August Bender, NARA RG 549, WCPL, Box 6, August Bender; Entnazifizierungsbogen August Bender, LA NRW, NW 1081/4498; Vernehmung von August Bender durch Staatsanwalt Dr. Korsch am 22.01.1964, LA NRW, Rep. 118 Nr. 2.

23 Vgl. Handschriftlicher Lebenslauf August Bender [undatiert; Okt. 1938], BA Berlin, R 9361 III/516482; Entnazifizierungsbogen August Bender, NARA RG 549, WCPL, Box 6, August Bender.

24 Vgl. NSDAP-Mitgliedskarte August Bender, 02.03.1909, BA Berlin, R 9361 IX/2340384.

25 Vgl. SSO-Stammblatt August Bender, BA Berlin, R 9361 III/516482; Entnazifizierungsbogen August Bender, NARA RG 549, WCPL, Box 6, August Bender; Entnazifizierungsbogen August Bender, LA NRW, NW 1081/4498.

26 Vgl. Entnazifizierungsbogen August Bender, NARA RG 549, WCPL, Box 6, August Bender; Entnazifizierungsbogen August Bender, LA NRW, NW 1081/4498.

seine frühe Begeisterung für den Nationalsozialismus während des Studiums damit, dass er als Student der Universität Kiel „an allen möglichen Geländeübungen und sonstigem Formationsdienst" habe teilnehmen müssen: „Um diesem zu entgehen, trat ich in die Allgemeine SS ein und schloß mich dem Motorsturm in Kiel an. Da ich schon damals motorsportlich interessiert war, war für mich der Dienst dort erheblich attraktiver."[27] Auch der NSDAP sei er weniger aus ideologischer Überzeugung beigetreten. Er sei noch nicht einmal selbst aktiv beigetreten, vielmehr habe ihn sein Vater, der 1933 „aus Zweckmäßigkeitsgründen" eingetreten sei[28], „mit angemeldet". Er sei zu dieser Zeit nicht zu Hause gewesen und habe „es dann dabei bewenden lassen."[29] Dabei handelt es sich freilich um eine typische Ausrede ehemaliger NSDAP-Mitglieder aus der Nachkriegszeit. Eine Mitgliedschaft war nur mit einem freiwilligen, eigenhändig unterschriebenen Antrag möglich – nicht unterschriebene Anträge wurden postwendend zurückgeschickt. Das Eintrittsdatum in die NSDAP zum 1. Mai 1933 kennzeichnet Bender deutlich als Teil des von den „alten Kämpfern" der Bewegung schmählich als „Märzgefallene" oder „Maiveilchen" bezeichneten Personenkreises vermeintlicher politischer Opportunisten, die nach der Reichstagswahl am 5. März 1933 in die Partei eintraten.[30] Als Märzgefallener ließ er sich von der Aufbruchstimmung und den Verlockungen

---

27 Vernehmung von August Bender durch Staatsanwalt Dr. Korsch am 22.01.1964, LA NRW, Rep. 118 Nr. 2. Eine andere Version der Geschichte findet sich in Benders Entnazifizierungsakte: „Als im Examen stehende Studenten seien ihnen damals Formulare vorgelegt worden, worin die Angabe der Zugehörigkeit zu irgendeiner NS-Formation gefordert worden sei. Um Schwierigkeiten beim Examen vorzubeugen, hätten sie als Studenten geglaubt, durch Anmeldung in die Allg. SS dem Vaterland am besten zu dienen, weil deren Ideale damals von sämtlichen Studenten als gut anerkannt worden seien" (Gutachten des Entnazifizierungsausschusses des Kreises Düren in der Sache August Bender vom 08.10.1948, LA NRW, NW 1081/4498).

28 In einem Schreiben des Kreuzauer Amtsdirektors betreffs Entnazifizierung von Amtsrentmeister i. R. Michael Bender aus dem Jahre 1948 heißt es: „Die Zugehörigkeit ging wie auch bei den übrigen damaligen Beamten des Amtes Kreuzau ab 1. 5. 1933." (Schreiben Amtsdirektor Küpper an den Entnazifizierungsausschuss Düren vom 23.02.1948, Gemeindearchiv Kreuzau, 10.0-1, Entnazifizierungsausschuss 1946–1951).

29 Vernehmung von August Bender durch Staatsanwalt Dr. Korsch am 22.01.1964, LA NRW, Rep. 118 Nr. 2.

30 Vgl. dazu Falter, Jürgen W.: Die „Märzgefallenen" von 1933: Neue Forschungsergebnisse zum sozialen Wandel innerhalb der NSDAP-Mitgliedschaft während der Machtergreifungsphase (1998), in: Historical Social Research, Supplement 25 (2013), S. 280–302.

des Nationalsozialismus begeistern; das zeigt unbestreitbar auch seine frühe SS-Mitgliedschaft. Das antisemitisch-militärische Elitegebaren der SS war zu keiner Zeit ein Geheimnis, vor allem aber war die SS kein akademischer Motorsportverein! SS-Propagandist Gunter D'Alquen schreibt:

> „Die SS ist angetreten und marschiert nach unabänderlichen Gesetzen als ein nationalsozialistischer, soldatischer Orden nordisch-bestimmter Männer und als eine geschworene Gemeinschaft ihrer Sippen für das ewige Leben des deutschen germanischen Volkes."[31]

Dem SS-Sturm 12/58 in Düren gehörte Bender von Dezember 1935 bis Oktober 1936 und dann wieder von Februar 1937 bis August 1938 an[32] – also zu einer Zeit, als er das Studium in Kiel längst abgeschlossen hatte. Von August bis Anfang November 1938 war er Teil der SS-Sanitäts-Staffel III/58 in Aachen.[33] Sein letzter Dienstgrad hier war SS-Sturmmann.[34]

---

31 D'Alquen, Gunter: Die SS. Geschichte, Aufgabe und Organisation der Schutzstaffel der NSDAP, Berlin 1939, S. 24 f.

32 Vgl. Dienstleistungszeugnis des SS-Sturms 12/58 (Düren) über August Bender vom 20.10.1938, BA Berlin, R 9361 III/516482.

33 Vgl. ebd.; Handschriftlicher Lebenslauf August Bender [undatiert; Okt. 1938], BA Berlin, R 9361 III/516482.

34 Vgl. Abmeldeschein des August Bender von der SS-San.-Staffel III/58 (Aachen) zur SS-T.-St. „Thüringen" (Weimar), WASt, August Bender, 02.03.1909; Eidesstattliche Erklärung August Bender [Datum unleserlich], ITS Bad Arolsen, 1.1.5.0; Entnazifizierungsbogen August Bender, NARA RG 549, WCPL, Box 6, August Bender; Gutachten des Entnazifizierungsausschusses des Kreises Düren in der Sache August Bender vom 08.10.1948, LA NRW, NW 1081/4498; Vernehmung von August Bender durch Staatsanwalt Dr. Korsch am 22.01.1964, LA NRW, Rep. 118 Nr. 2.

3. Die Karriere in der SS

3.1 Einstellung als SS-Führer bei den Totenkopfverbänden

Am 6. Oktober 1938 bewarb sich August Bender um eine Anstellung als Arzt bei den SS-Totenkopfverbänden (SS-TV).[35] Unter gleichzeitiger Beförderung zum SS-Untersturmführer wurde Bender mit Wirkung vom 1. November 1938 bei der Sanitätsabteilung der SS-Totenkopfstandarten und Konzentrationslager hauptberuflich angestellt.[36] Er unterstand unmittelbar dem Standortarzt Weimar-Buchenwald und Führer der 3. San.-Staffel der SS-Totenkopfstandarte „Thüringen", SS-Hauptsturmführer Dr. Werner Kirchert.[37] Die Sanitätsstaffel stellte das medizinische Personal für die SS-Wachmannschaften und die Häftlinge des Konzentrationslagers Buchenwald. Nach dem Eintritt in ein hauptamtliches Dienstverhältnis erhielt er als SS-Führer ein volles Gehalt von der SS.[38] Er wurde nicht zur Waffen-SS eingezogen, wie er später angab[39] und mit einem Persilschein von Dr. Karl Genzken, dem früheren Chef des Sanitätsamtes der Waffen-SS, zu bekräftigen suchte[40]. Auch die Aussage, er habe seine „Übungen

---

35 Vgl. Bewerbungsschreiben August Bender an das SS-Sanitätsamt Berlin vom 06.10.1938, BA Berlin, R 9361 III/516482.

36 Vgl. Schreiben der SS-Personalabteilung beim Reichsführer SS an den Führer SS-TV/K. L. und den SS-Oberabschnitt West vom 26.10.1938, BA Berlin, R 9361 III/516482; Beförderung von August Bender zum SS-Untersturmführer vom 26.10.1938, BA Berlin, R 9361 III/516482; Schreiben des Führers der Sanitätsabteilung der SS-Totenkopfstandarten und Konzentrationslager Dr. Karl Genzken an August Bender vom 27.10.1938, WASt, August Bender, 02.03.1909.

37 Vgl. Schreiben des Führers der Sanitätsabteilung der SS-Totenkopfstandarten und Konzentrationslager Dr. Karl Genzken an August Bender vom 27.10.1938, WASt, August Bender, 02.03.1909.

38 Vgl. Gebührnis-Karte August Bender, BA Berlin, R 9361 III/10619.

39 Vgl. Benders Angaben: „Zur weiteren Ableistung des Wehrdienstes musste ich dann diese Uebung bei der Waffen-SS ablegen. […] Mein Versetzungsbefehl war vom SS-Sanitätsamt gekommen" (Eidesstattliche Erklärung August Bender [Datum unleserlich], ITS Bad Arolsen, 1.1.5.0). Und: „Vor Ausbruch des Krieges sei er vom SS-Sanitätsamt Berlin im Nov 38 nach Buchenwald zur Dienststellung befohlen worden" (Gutachten des Entnazifizierungsausschusses des Kreises Düren in der Sache August Bender vom 08.10.1948, LA NRW, NW 1081/4498).

40 Vgl. Abschrift der Eidesstattlichen Erklärung Karl Genzken vom 14.08.1948, LA NRW, NW 1081/4498: „Als früherer Chef des Sanitätsamtes der Waffen-SS vom Juni 1940 bis Kriegsende ist mir bekannt, dass die Einziehung von Ärzten zum Dienst in der Waffen-SS nach gleichen Grundsätzen erfolgte wie bei der Wehrmacht." Zu Karl Genzken vgl. Hahn, Judith: Grawitz, Genzken, Gebhardt. Drei Karrieren im Sanitätsdienst der SS, Münster 2008.

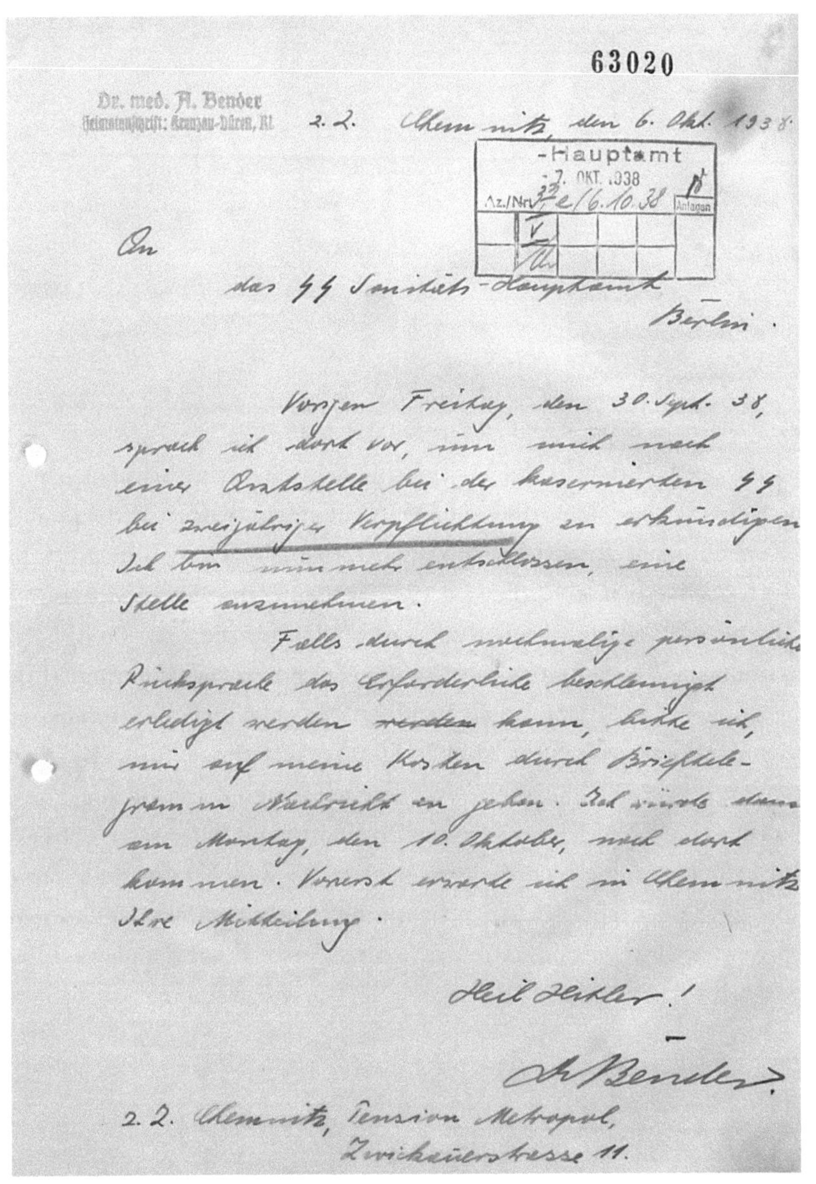

Abb. 1: Bewerbung August Bender vom 6. Oktober 1938.
Quelle: Bundesarchiv Berlin, R 9361 III/516482 (SSO-Akte)

Abb. 2: August Bender als SS-Obersturmführer bei den Totenkopfverbänden, Anfang 1939. Quelle: Bundesarchiv Berlin, R 9361 III/516482 (SSO-Akte)

lieber bei der Wehrmacht weiter gemacht"[41], ist eine reine Schutzbehauptung. Eine ganz besonders dreiste Lüge ist außerdem Benders Verleugnung der Zugehörigkeit zu den SS-Totenkopfverbänden. Die „unheimlichen SS-Totenkopfverbände"[42], die seit 1937 in der Form von zunächst drei SS-Totenkopfstandarten firmierten, waren 1934 für die Bewachung und Verwaltung der Konzentrationslager aufgestellt und personell kontinuierlich ausgebaut worden.[43] Auch August Bender trug den gefürchteten Totenkopf auf dem Uniformrevers (siehe Abb. 2). Umso realitätsferner mutet Benders Aussage an, er sei sich „nicht bewusst, einem Totenkopfverband angehoert zu haben, da ich dem SS-Sanitaetsamt angehörte und unterstand."[44] In einem Persilschein für den ehemaligen Kameraden Willi Schumann kommt Bender gar zu der fantastischen Behauptung, „[m]it dem Konzentrationslager Weimar-Buchenwald hatte das Sanitätspersonal der Standarte Thüringen nicht das Geringste zu tun! Nur die Ortsbezeichnung war beiden

---

41 Vernehmung von August Bender durch Staatsanwalt Dr. Korsch am 22.01.1964, LA NRW, Rep. 118 Nr. 2.

42 Sydnor, Charles W., Jr.: Soldaten des Todes. Die 3. SS-Division „Totenkopf" 1933–1945. Aus dem Englischen übers. v. Karl Nicolai, Paderborn u. a. 2007, S. 5.

43 Vgl. ebd., S. 5, 28 ff.; Orth, Karin: Die Konzentrationslager-SS. Sozialstrukturelle Analysen und biographische Studien, Göttingen 2000, S. 34 f.

44 Vernehmung von August Bender durch Albert B. Westerweel am 28.02.1947, BA Koblenz, N 1788/9.

gemeinsam."[45] Sowohl die Verklärung vom freiwilligen Eintritt in die SS zur Einberufung zum Wehrdienst als auch die bewusste Umetikettierung der Totenkopfstandarte „Thüringen" zur Standarte „Thüringen" gehören eindeutig in das Reich der apologetischen Rehabilitationsstrategien der NS-Täter. Tatsächlich konnten Ärzte sich auf freie Stellen als hauptamtliche SS-Sanitätsoffiziere bei den SS-TV bewerben. Dabei waren die Motive von Jungärzten für den Eintritt in die Totenkopfverbände vielseitig. Die kasernierte SS „bot jungen Ärzten gute Aufstiegsmöglichkeiten, ein festes Gehalt, die Chance auf eine kostenlose Facharztausbildung[46] und auf Übernahme in den Staatsdienst nach Ablauf der aktiven Dienstzeit"[47], wie Marco Pukrop schreibt. „Ferner war eine Familiengründung nicht nur möglich, sondern bei SS-Offizieren ausdrücklich erwünscht."[48] So mag neben wirtschaftlichen Aspekten vor allem die Möglichkeit einer baldigen Familiengründung bei Bender im Vordergrund gestanden haben. Vom „attraktiven" Dienst in der Sanitätsabteilung der kasernierten SS hatte er Ende August 1938 im Deutschen Ärzteblatt gelesen[49] und erbat umgehend Auskunft:

> „Wie hoch sind die Abzüge vom Gehalt (Bruttogehalt 300 bzw. 400 M)? Ist Heirat möglich? Wenn ja, tritt eine Gehaltserhöhung oder sonstige Vergünstigung ein? Werden Wünsche in Hinsicht auf die Dienststelle berücksichtigt? (z. B. Dienststelle in der Gegend von Chemnitz) Ist bereits eine Einstellung ab Mitte Oktober möglich?"[50]

Bender hatte bereits in den Jahren 1937 bis 1938 seine zukünftige Ehefrau, die schon verheiratete Hildegard Röntz, geb. Köppelmann, kennengelernt.

---

45 Eidesstattliche Erklärung von August Bender vom 22.02.1964, BA Koblenz, N 1788/8.

46 Bender zieht für sich eine Weiterausbildung in Chirurgie, Frauenheilkunde oder Augenheilkunde in Betracht (vgl. Schreiben August Bender vom 03.12.1938, WASt, August Bender, 02.03.1909).

47 Pukrop 2012, S. 86.

48 Ebd.

49 Vgl. Schreiben August Bender an den Chef des SS-Sanitätsamtes vom 27.08.1938, WASt, August Bender, 02.03.1909; Stellenanzeige „Neueinstellung von Sanitätspersonal bei der kasernierten SS" [undatiert; 27.08.1938], WASt, August Bender, 02.03.1909.

50 Schreiben August Bender an die SS.-San.-Staffel III/58 (Aachen) vom 07.09.1938, WASt, August Bender, 02.03.1909.

Noch während die Ehe von Röntz bestand, pflegte Bender ein intimes Verhältnis zu ihr, wie aus dem Scheidungsurteil hervorgeht.[51] Die Ehe wurde mit 27. September 1938 rechtskräftig geschieden und im Gerichtsurteil wird Bender wörtlich zitiert, er wolle Röntz heiraten, sobald sie geschieden sei.[52] Nach der Scheidung war sie zurück zu ihrer ebenfalls geschiedenen und neuverheirateten Mutter nach Chemnitz gezogen[53], was Benders Ortspräferenz erklärt.

3.2 Truppen- und Familienarzt im KZ Buchenwald

„Als ich dort ankam, verschlug es mir den Atem. Ich traute meinen Augen nicht."[54] – Mit diesen Worten beginnt Bender in seinen Memoiren den Abschnitt über die Aufnahme seiner Tätigkeit im KZ Buchenwald. Man könnte nun meinen, Bender habe die Realität des „Systems Konzentrationslager" den Atem verschlagen: Benders Dienstantritt Anfang November 1938 fällt unmittelbar in die Masseninhaftierungsaktion jüdischer Männer im Zuge der Novemberpogrome. Allein nach Buchenwald wurden am 10. und 14. November 1938 insgesamt 9.828 Juden eingeliefert.[55] Eine solche Massenaktion kann Bender kaum entgangen sein – selbst wenn er sich im Kasernen- und nicht im Lagerbereich aufgehalten haben sollte. Aber nicht des Schicksals der jüdischen Männer erinnert Bender sich, sondern des baulichen Zustands „seines" noch zu errichtenden Hospitals:

„Eine riesige Baustelle, Steine, Schlamm, Baugruben, fertige und im Bau befindliche Gebäude und Kasernen, keine Strassen, Bretterstege zwischen den Baustellen und als Verbindung zu den Gebäuden. Ein Hospital im Rohbau.

---

51 Vgl. Abschrift des Scheidungsurteils des Amtsgerichts Düren in der Sache Dr. med. Hans Heinrich Max Röntz (Düren) gegen Hildegard Franziska, geb. Köppelmann vom 27.09.1938, BA Berlin, R 9361 III/10619.

52 Vgl. ebd.

53 Vgl. Eintrag im Heiratsregister Chemnitz II, Nr. 151/1939.

54 Memoiren August Bender: Abschnitt „Standarte ,Thüringen'. KL.-Buchenwald" vom Dezember 1993, BA Koblenz, N 1788/4.

55 Vgl. Stein, Harry: Konzentrationslager Buchenwald 1937–1945. Begleitband zur ständigen historischen Ausstellung, Göttingen 1999, S. 111.

Hier sollte ich den Sanitätsdienst aufbauen – und nun dies: Ohne Hospital, in einem Neubau, nass, ohne Putz inmitten von Erdaushub, Schlamm und Dreck. [...] Was blieb mir übrig, als in den sauren Apfel zu beissen. In einem leerstehenden Bau richtete ich mich ein. Häftlinge als Facharbeiter u. s. w. stellte man mir reichlich zur Verfügung – erste Berührung mit dem KL."[56]

Von November 1938 bis September 1939 war Bender als Truppen- und Familienarzt in Buchenwald hauptsächlich für die ärztliche Betreuung der SS-Wachmannschaften und deren Familien zuständig[57] und hielt sich in diesem Rahmen im Kasernenbereich des Lagerkomplexes auf; in einer Vernehmung durch die Staatsanwaltschaft Köln 1964 gab er jedoch zu, es sei zuweilen vorgekommen, „daß ich bei Entlassungen von Häftlingen ausserhalb der normalen Dienststunden (etwa am Sonntag) in meiner Eigenschaft als Arzt deren Entlassungspapiere mit unterschrieb."[58] Historiker der heutigen Gedenkstätte Buchenwald halten es für möglich, dass Bender bereits 1938/39 aushilfsweise als Lagerarzt in Buchenwald tätig war.[59] Werner Scherf weist darauf hin, dass die Funktion „Truppenarzt" mitnichten bedeutete, „daß keine Berührung mit dem Häftlingskrankenbau bestand – auch Truppenärzte mußten (in unterschiedlichem Umfang) im Schutzhaftlager ärztlichen Dienst tun."[60] Aus zwei Hinweisen ergibt sich, dass Bender tatsächlich bereits 1938/39 lagerärztlichen Dienst tat: Der Häftling Heinrich Mayntz, der als „Arbeitsscheuer" vom 20. Juni 1938 bis

---

56 Memoiren August Bender: Abschnitt „Standarte ,Thüringen'. KL.-Buchenwald" vom Dezember 1993, BA Koblenz, N 1788/4.

57 Vgl. Beförderungsvorschlag zum SS-Obersturmführer vom 09.01.1939, BA Berlin, R 9361 III/516482; Personalbogen August Bender vom 13.02.1939, BA Berlin, R 9361 III/516482; Entnazifizierungsbogen August Bender, NARA RG 549, WCPL, Box 6, August Bender; Entnazifizierungsbogen August Bender, LA NRW, NW 1081/4498; Vernehmung von August Bender durch Albert B. Westerweel am 28.02.1947, BA Koblenz, N 1788/9; Vernehmung von August Bender durch Staatsanwalt Dr. Korsch am 22.01.1964, LA NRW, Rep. 118 Nr. 2.

58 Vernehmung von August Bender durch Staatsanwalt Dr. Korsch am 22.01.1964, LA NRW, Rep. 118 Nr. 2.

59 Vgl. Schweda, Claudia: Der Landarzt, der ein KZ-Arzt war, in: Dürener Zeitung Nr. 198/140 vom 25.08.2012.

60 Scherf 1987, S. 339.

Abb. 3: Nach den Pogromen verhaftete Juden mit geschorenen Köpfen beim Appell im KZ Buchenwald, November 1938. Quelle: American Jewish Joint Distribution Committee, New York/United States Holocaust Memorial Museum, Washington, 79914

20. April 1939 im KZ Buchenwald inhaftiert war[61], gab 1963 in einer Vernehmung zu Bender zu Protokoll: „Ich kannte ihn, weil er ebenso wie ich aus Kreuzau stammte. Dr. med. BENDER war während meiner Anwesenheit in Buchenwald SS-Untersturmführer. Er war im Lagerrevier tätig."[62] Auch ein anderer guter Bekannter und ehemaliger Schulkamerad Benders aus Kreuzau war zu jener Zeit als „Arbeitsscheuer" in Buchenwald. An den am 2. Juli 1938 nach Buchenwald gebrachten und am 12. Januar 1939 entlassenen Walter Milz[63] erinnert Bender sich sogar noch 1993 in seinen Memoiren: Er berichtet davon, dass er Milz zufällig „in einer Kolonne, die zu einem üblen Arbeitskommando geführt wurde", sah und diesen nach

---

61 Vgl. Häftlingspersonalkarte Heinrich Mayntz, geb. 09.05.1906 in Kreuzau, Häftlingsnr. 7792, NS-Haftkategorie: ASR, ITS Bad Arolsen, 1.1.5.3.

62 Vernehmung von Heinrich Mayntz durch Staatsanwalt Dr. Korsch am 05.03.1963, LA NRW, Rep. 118 Nr. 4.

63 Vgl. Häftlingspersonalkarte Walter Milz, geb. 15.07.1907 in Kreuzau, Häftlingsnr. 7785, NS-Haftkategorie: ASR, ITS Bad Arolsen, 1.1.5.3.

Abb. 4: Außenansicht des SS-Reviers auf einem zu Repräsentationszwecken angelegten Fotoalbum der SS, 1943. Quelle: Musée de la Résistance et de la Déportation, Besançon, FI 4136/Fotoarchiv Buchenwald, 003-01.146

Rücksprache mit dem Schutzhaftlagerführer „auf einen ordentlichen Arbeitsplatz" zu versetzen wusste.[64] In Benders Erzählung klingt das Ganze freilich wie ein nettes Wiedersehen unter alten Schulfreunden. In Wahrheit konnte die Kluft zwischen Bender und seinen ehemaligen Schulkameraden aus Kreuzau kaum größer sein: Auf der einen Seite Häftlinge, die die Nazis als „arbeitsscheu" im Konzentrationslager inhaftierten, auf der anderen Seite Bender, der die Gunst seiner SS-Kameraden geschickt zu nutzen wusste und sich in dieser Rolle durchaus gefiel.

Bereits nach nur zwei Monaten Tätigkeit bei den Totenkopfverbänden wurde Bender von seinem Dienstvorgesetzten SS-Standartenführer Dr. Karl Genzken, zu diesem Zeitpunkt Leiter der Sanitätsabteilung der SS-Totenkopfstandarten, zur Beförderung zum SS-Obersturmführer

---

64 Memoiren August Bender: Abschnitt „Milz, Walter" vom Dezember 1993, BA Koblenz, N 1788/4.

Abb. 5 u. 6: August Bender als SS-Untersturmführer in Buchenwald, Ende 1938.
Quelle: Bundesarchiv Berlin, R 9361 III/10619 (RuSHA-Akte)

vorgeschlagen.[65] Bender dazu in seinen Memoiren: „Genzken kam zur Besichtigung. Mein ‚Lazarett‘ imponierte ihm. [...] Er half mir danach immer.“[66] Die Beförderung erfolgte umgehend zum 30. Januar 1939[67], wozu ihm SS-Oberführer Dr. Karl Friedrich Dermietzel persönlich den „herzlichsten Glückwunsch“[68] entbot. Ein offizielles „Heiratsgesuch“ an den Reichsführer SS hatte Bender bereits am 15. Dezember 1938 erbeten; dieses wurde am 10. Februar 1939 bewilligt.[69] Am 25. Februar 1939

---

65 Vgl. Beförderungsvorschlag des Führers der Sanitätsabteilung der SS-Totenkopfverbände für August Bender vom 09.01.1939, BA Berlin, R 9361 III/516482.

66 Memoiren August Bender: Abschnitt „Standarte ‚Thüringen‘. KL.-Buchenwald“ vom Dezember 1993, BA Koblenz, N 1788/4.

67 Vgl. Beförderung von August Bender zum SS-Obersturmführer vom 30.01.1939, BA Berlin, R 9361 III/516482.

68 Schreiben von SS-Oberführer Dr. Dermietzel an August Bender vom 02.02.1939, WASt, August Bender, 02.03.1909.

69 Vgl. Bitte um Übersendung der Vordrucke zu einem Verlobungs- und Heiratsgesuch von August Bender vom 15.12.1938, BA Berlin, R 9361 III/10619; Schreiben des Sippenamtes im RuSHA an August Bender vom 10.02.1939, BA Berlin, R 9361 III/10619.

Abb. 7: Regimentsabend im Buchenwalder Kasino, 1940.
Quelle: Privat/Fotoarchiv Buchenwald, 360-01.136

fand schließlich die standesamtliche Trauung Benders mit der inzwischen geschiedenen Hildegard Köppelmann in Chemnitz statt.[70]

Zu seinen neuen Kameraden in Buchenwald schreibt Bender, er habe sich zunächst noch an das „[D]erb-[H]erzliche"[71] gewöhnen müssen – „alte Haudegen darunter, die in der Uniform gross geworden waren und vor 1933 bereits ‚Rabazz' gemacht hatten."[72] Dass ihm diese Gewöhnung wohl nicht allzu schwergefallen sein dürfte, zeigen seine Schwärmereien für den Luxus des Kommandanturkasinos und sonstige Finessen, die er auf Kosten der KZ-Häftlinge gerne genoss.[73] Er schwärmt von der hervorragenden Küche der Kommandantur unter dem gefürchteten Lager-

---

70 Vgl. Eintrag im Heiratsregister Chemnitz II, Nr. 151/1939.

71 Memoiren August Bender: Abschnitt „Standarte ‚Thüringen'. KL.-Buchenwald" vom Dezember 1993, BA Koblenz, N 1788/4.

72 Ebd.

73 Vgl. dazu einen Häftlingsbericht (Kellner im SS-Führerheim) von Gärtig, Carl: Schlemmerleben auf Kosten der Häftlinge, in: Hackett, David A. (Hrsg.): Der Buchenwald-Report. Bericht über das Konzentrationslager Buchenwald bei Weimar, München 1996, S. 160–161. Vgl. auch Kogon, Eugen: Der SS-Staat. Das System der deutschen Konzentrationslager, München [43]2006, S. 316 f.

kommandanten Karl Otto Koch: „Der Chefkoch, natürlich ein Häftling, ehemaliger Chefkoch des ‚Hotel Adlon‘ Berlin. Der Kellner ebenfalls von dort. Erlesene Speisen, zum Teil à la carte, und Getränke bester Güte. Das war dort ein Leben, morgens, mittags, abends.“[74] Die Häftlingsverpflegung hingegen sah als Tagesration für jeden durchschnittlich etwa 350 bis 500 Gramm Brot, einen Liter dünne Suppe, etwas Margarine, Wurst oder Käse vor.[75] Umso ironischer mutet Benders Bemerkung an, Sonderwünsche der SS-Leute seien beachtet und von den Häftlingen „gerne erfüllt“[76] worden und zeugt von einer Verklärung der Zustände im KZ. Für die Verrichtung seiner Arztbesuche bei den SS-Familienangehörigen in und um Weimar standen ihm ein Dienstwagen Fabrikat Mercedes-Benz 170, ein Puch-Dienstmotorrad sowie ein „Häftling, der für meine Motorisierung verantwortlich war“[77], zur freien Verfügung.[78]

Erst im Mai 1939[79] konnte Bender seine bis dahin noch im Bau befindliche Wohnung in der Weimarer Immelmannstraße 4[80] beziehen. Bis zu ihrer Fertigstellung wohnte er einige Zeit lang im Haus des seinerzeitigen Standort- und Lagerarztes Dr. Hans Zahel[81] in der SS-Führersiedlung am

---

74 Memoiren August Bender: Abschnitt „Standarte ‚Thüringen‘. KL.-Buchenwald“ vom Dezember 1993, BA Koblenz, N 1788/4. Die Versorgung der SS-Führersiedlung mit Speisen und Getränken durch die KZ-Häftlinge beschreibt Bender im Detail wie folgt: „Morgens brachten Häftlinge frisches Brot, Brötchen, u. s. w. Dazu eine Speisekarte mit verschiedenen zur Verfügung stehenden Gerichten. Das Gewünschte wurde angekreuzt, mittags heiss geliefert. Dann wurde das Geschirr abgeholt. Wieder eine Karte: Kaffee, Tee, Schokolade, Gebäck ankreuzen. Dazu eine Karte zum Ankreuzen für das Abendessen […].“ (ebd.). Vgl. auch Kogon 2006, S. 316 f.

75 Vgl. Stein 1999, S. 88. Dazu auch Kogon 2006, S. 136–142.

76 Memoiren August Bender: Abschnitt „Standarte ‚Thüringen‘. KL.-Buchenwald“ vom Dezember 1993, BA Koblenz, N 1788/4. Vgl. dazu Gärtig 1996: „Alle diese Dinge wurden vom Hauptsturmführer Florstedt mit Häftlingsgeldern gedeckt. Die Häftlinge der Führerküche wurden schikaniert und mit Pistole bedroht […]. Damit die SS-Führer in der SS-Kantine für die gekauften Waren wenig zu bezahlen hatten, mußte die Häftlingskantine um so mehr belastet werden. So gab es Preisaufschläge von 100–300 %!“

77 Memoiren August Bender: Abschnitt „Standarte ‚Thüringen‘. KL.-Buchenwald“ vom Dezember 1993, BA Koblenz, N 1788/4.

78 Vgl. ebd.

79 Vgl. Vernehmung von August Bender durch Albert B. Westerweel am 28.02.1947, BA Koblenz, N 1788/9.

80 Jetzt Georg-Büchner-Straße (vgl. Eintragung auf Anordnung des Amtsgerichts Weimar vom 08.10.1947 auf dem Eintrag im Heiratsregister Chemnitz II, Nr. 151/1939).

81 Nachfolger von Dr. Werner Kirchert seit etwa 01.12.1938 (vgl. Scherf 1987, S. 348, Nr. 71; S.

Abb. 8: SS-Führersiedlung am Ettersberg, 1938. Quelle: National Archives, Washington, 153-IK-2-5

Ettersberg.[82] Hier genoss er die Nachbarschaft der Kochs und des Kommandeurs der 3. SS-Totenkopfstandarte „Thüringen", Heimo Hierthes.[83]

Den Lagerkommandanten Karl Otto Koch nennt Bender einen „üble[n] Typ[en]"[84], der sich mit Syphilis infiziert und, um das Ganze geheim zu halten, von zwei Häftlingen habe behandeln lassen. Danach habe er die zwei Häftlinge auf einem Transport in ein anderes Lager ermorden lassen.[85] Dagegen findet Bender für Ilse Koch, die „Hexe" oder auch „Kommandeuse" von Buchenwald[86], nur bewundernde Worte: „Ilse war hochge-

---

359, Nr. 155).

82 Vgl. Memoiren August Bender: Abschnitt „Standarte ‚Thüringen'. KL.-Buchenwald" vom Dezember 1993, BA Koblenz, N 1788/4.

83 Vgl. ebd.

84 Memoiren August Bender: Abschnitt „Koch und Koch, Ilse" vom Dezember 1993, BA Koblenz, N 1788/4.

85 Vgl. ebd.

86 Zu Ilse Koch vgl. etwa Smith, Arthur L., Jr.: Der Fall Ilse Koch. Die Hexe von Buchenwald, Köln 1983; Przyrembel, Alexandra: Der Bann eines Bildes. Ilse Koch, die „Kommandeuse von Buchenwald", in: Eschebach, Insa u. a. (Hrsg.): Gedächtnis und Geschlecht. Deutungsmuster in Darstellungen des nationalsozialistischen Genozids, Frankfurt a. M./New York 2002, S. 245–267; Przyrembel, Alexandra: Ilse Koch – „normale" SS-Ehefrau oder „Kommandeuse" von Buchenwald?, in: Mallmann, Klaus-Michael/Paul, Gerhard (Hrsg.): Karrieren der Gewalt. Nationalsozialistische Täterbiographien, Darmstadt 2004, S. 126–133.

Abb. 9: Karl und Ilse Koch mit Sohn Artwin, 1940. Quelle: National Archives, Washington, 153-IK-2-54 A

bildet, eine Schönheit, leicht rötliche lange blonde Locken, schneeweisse Haut, grünliche Augen – sie hätte beim Film Karriere machen können. Und erst die Figur!"[87] So zählt er sie stolz zu seinem Patientenkreis in Buchenwald.[88] Wohlweislich der schwerwiegenden Vorwürfe gegen Lagerkommandant Koch und seine Frau, der u. a. sadistisches Verhalten gegenüber Häftlingen vorgeworfen wurde, schweigt er sich bei einer Vernehmung durch die Amerikaner dazu aus und gibt an, er habe weder Koch noch seine Frau näher gekannt, geschweige denn ärztlich behandelt.[89]

In den Jahren 1938/39 nahm Bender nach seinem Bericht an zwei persönlichen Gesprächen mit dem Reichsführer SS Heinrich Himmler „in kleinerem Kreis (ca. 5–7 Mann)"[90] teil. Davon berichtet er: „War kein rei-

---

87 Memoiren August Bender: Abschnitt „Koch und Koch, Ilse" vom Dezember 1993, BA Koblenz, N 1788/4.

88 Vgl. ebd.

89 Vgl. Vernehmung von August Bender durch Albert B. Westerweel am 28.02.1947, BA Koblenz, N 1788/9: „F.: Haben Sie den damaligen Buchenwald Lagerkommandanten SS-Standartenfuehrer KOCH, persönlich gekannt? A.: Nein, nur dem Ansehen nach. F.: Kannten Sie Frau Ilse KOCH? A.: Nein, nur dem Ansehen nach. F.: Waren Sie denn nicht Familienarzt der Familie Koch? A.: Ich habe niemals einen Angehörigen der Familie Koch behandelt."

90 Memoiren August Bender: Abschnitt „Himmler" vom Dezember 1993, BA Koblenz, N 1788/4.

nes Vergnügen. Er stellte eine Frage, sah einen an. Dann musste man reden. Wenn es ihm nicht genügte, wieder ein kurzer Blick – und man redete weiter. Dann kam der nächste dran."[91] Dass das autoritäre und emotional unterkühlte Auftreten der Bewunderung des Reichsführers SS wohl keinen Abbruch tat, bezeugt Benders Stolz auf den ihm 1939 verliehenen SS-Ehrendegen[92], „eingravierte Nr. 98 mit Verleihungs-Urkunde, von Himmler persönlich unterschrieben (Tintenspritzer deutlich sichtbar). Die Dinger waren äusserst selten (siehe Nummer)."[93] Die Verleihung des Ehrendegens gilt allgemein als besonderes „Symbol der Zugehörigkeit zum inneren Zirkel Himmlers"[94] und kennzeichnet Benders Nähe zum Reichsführer SS.

3.3 Truppenarzt in der 3. SS-Division „Totenkopf"

Mit dem Überfall der deutschen Wehrmacht auf Polen begann am 1. September 1939 der Zweite Weltkrieg. Neben den rund 4,5 Millionen regulären Wehrmachtssoldaten stellte die SS dazu „eine noch kleine, aber umso entschlossenere Privatarmee zur Verfügung, für die sich bis Ende 1939 der Name Waffen-SS einbürgerte."[95] So entstanden ab Herbst 1939 eigenständige Waffen-SS-Divisionen, in die vor allem auch die Männer der SS-Totenkopfverbände Eingang fanden.[96] Dies belegt die „Haltlosigkeit der nach 1945 konstruierten Trennung zwischen der Waffen-SS und der restlichen Schutzstaffel"[97]. Dabei gehörte die „systematische Rotation von Angehörigen der Waffen-SS zwischen den in den KZs eingesetzten

---

91 Ebd.

92 Vgl. SS-Personalhauptamt: Dienstaltersliste der Schutzstaffel der NSDAP (SS-Obersturmbannführer und SS-Sturmbannführer). Stand vom 1. Oktober 1943, Berlin 1943, S. 73, Nr. 3084. Vgl. auch Vernehmung von August Bender durch Staatsanwalt Dr. Korsch am 22.01.1964, LA NRW, Rep. 118 Nr. 2. In der SSO-Akte und den Unterlagen der WASt ist die Verleihung des Ehrendegens nicht verzeichnet.

93 Memoiren August Bender: Abschnitt „Himmler" vom Dezember 1993, BA Koblenz, N 1788/4.

94 Westemeier, Jens: Himmlers Krieger. Joachim Peiper und die Waffen-SS in Krieg und Nachkriegszeit (= Krieg in der Geschichte 71), Paderborn u. a. 2014, S. 85, vgl. auch S. 105.

95 Hein, Bastian: Die SS. Geschichte und Verbrechen (= C. H. Beck Wissen), München 2015, S. 76.

96 Vgl. auch Sydnor 2007, S. 39.

97 Hein 2015, S. 79.

Verbänden und den Feldtruppenteilen zu den Spezifika der Waffen-SS"[98], wie Jens Westemeier schreibt.[99] So ging die SS-Totenkopfstandarte „Thüringen" zu einem Großteil in der 3. SS-Division „Totenkopf" (Totenkopfdivision) auf und fiel mit der Wehrmacht in Polen ein, wo sie „schon in den ersten Kriegstagen brutal gegen die Zivilbevölkerung wütete"[100].

Im Zuge dieser Aufstellung der Totenkopfdivision im September/Oktober 1939 wurde Bender zur SS-Kaserne Dachau versetzt.[101] Bei der Aufklärungsabteilung war er bis August 1940 unter dem alten Bekannten Dr. Karl Genzken, jetzt Divisionsarzt der Totenkopfdivision[102], als Abteilungsarzt tätig[103] und „lag nacheinander im Raum Münsingen, im Raum Heilbronn und am Edersee."[104] Zum 1. Dezember 1939 wurde er, wieder auf Vorschlag von Genzken, zum SS-Hauptsturmführer befördert.[105] Zwei Monate später, im Februar 1940, wurde Benders Sohn Walter geboren.[106] Ab Mai 1940 nahm Bender am Frankreichfeldzug teil[107] und erhielt am 19. Juni 1940 das Eiserne Kreuz II. Klasse (EK II) verliehen[108]. Wie Charles W. Sydnor Jr. schreibt, legte die Totenkopfdivision bereits auf dem Westfeldzug die Ei-

---

98 Westemeier 2014, S. 471.

99 Vgl. auch Orth 2000, Konzentrationslager-SS, S. 153 ff.

100 Stein 1999, S. 37.

101 Vgl. Vernehmung von August Bender durch Staatsanwalt Dr. Korsch am 22.01.1964, LA NRW, Rep. 118 Nr. 2; Entnazifizierungsbogen August Bender, NARA RG 549, WCPL, Box 6, August Bender; Entnazifizierungsbogen August Bender, LA NRW, NW 1081/4498.

102 Vgl. Beförderungsvorschlag des Divisionsarztes der SS-Totenkopfdivision für August Bender vom 22.11.1939, BA Berlin, R 9361 III/516482; vgl. auch Sydnor 2007, S. 43.

103 Vgl. Entnazifizierungsbogen August Bender, NARA RG 549, WCPL, Box 6, August Bender; Entnazifizierungsbogen August Bender, LA NRW, NW 1081/4498.

104 Vernehmung von August Bender durch Staatsanwalt Dr. Korsch am 22.01.1964, LA NRW, Rep. 118 Nr. 2.

105 Vgl. Beförderungsvorschlag des Divisionsarztes der SS-Totenkopfdivision für August Bender vom 22.11.1939, BA Berlin, R 9361 III/516482; Beförderung von August Bender zum SS-Hauptsturmführer vom 01.12.1939, BA Berlin, R 9361 III/516482.

106 Vgl. Geburtsurkunde Walter Bender, Weimar Nr. 216/1940, BA Berlin, R 9361 III/10619.

107 Vgl. Entnazifizierungsbogen August Bender, NARA RG 549, WCPL, Box 6, August Bender; Entnazifizierungsbogen August Bender, LA NRW, NW 1081/4498; Vernehmung von August Bender durch Staatsanwalt Dr. Korsch am 22.01.1964, LA NRW, Rep. 118 Nr. 2.

108 Vgl. ebd.; SSO-Stammblatt August Bender, BA Berlin, R 9361 III/516482; Begleitschreiben zur Verleihungsurkunde zum Eisernen Kreuz II. Klasse an August Bender vom 29.07.1940, WASt, August Bender, 02.03.1909.

*Abb. 10: Teile des SS-T.-Infanterieregiments 1 erstürmen eine russische Ortschaft.
Quelle: Vopersal, Wolfgang: „Südlich des Ilmensees". Aus dem Kampf der SS-Totenkopf-
Division, in: Der Freiwillige 6/1974, S. 17*

genschaften an den Tag, die später zu ihren gefürchteten Kennzeichen wurden: „Fanatische Härte beim Angriff, selbstmörderische Abwehr feindlicher Angriffe und brutale Greueltaten, wenn sie frustriert war"[109].

Im August 1940 wurde Bender als Abteilungsarzt zum Wirtschaftsbataillon versetzt.[110] Ab Juni 1941 nahm er am Russlandfeldzug teil und wurde im April 1942 als Abteilungsarzt zur Panzerjägerabteilung versetzt. Am 15. Juli 1942 erhielt Bender die Ostmedaille verliehen[111], am 31. Dezember 1943 den Demjanskschild[112]. Bereits zum 30. Januar 1943 wurde er zum SS-Sturmbannführer befördert[113] – ein weiteres Mal auf Vorschlag von Karl

---

109 Sydnor 2007, S. 102.

110 Vgl. Entnazifizierungsbogen August Bender, LA NRW, NW 1081/4498.

111 Vgl. Verleihungsurkunde zur Medaille Winterschlacht im Osten 1941/42 (Ostmedaille) an August Bender vom 15.07.1942, WASt, August Bender, 02.03.1909.

112 Vgl. Besitzzeugnis über den Demjanskschild für August Bender vom 31.12.1943, WASt, August Bender, 02.03.1909.

113 Vgl. Beförderung von August Bender zum SS-Sturmbannführer vom 30.01.1943, BA Berlin, R 9361 III/516482.

Abb. 11: Abbildung eines Julleuchters mit Weihnachtsgrüßen im Melder der HIAG-Truppenkameradschaft der SS-Totenkopfdivision, Dezember 1991. Quelle: Der Melder 34, Dezember 1991

Genzken[114]. Bis Ende 1943 gehörte Bender – nun im Rang eines Oberstabsarztes – weiter den Panzerjägern an und war bis zur (Rück-)Versetzung ins KZ Buchenwald in Südrussland stationiert.[115] Hier lernte er jene Art von Männern kennen, zu deren Kennzeichen die Einäscherung von Dörfern, die Ermordung von feindlichen Zivilisten und Soldaten und die summarische Erschießung von Kommissaren gehörte.[116] Am 4. März 1941 war Bender aus der römisch-katholischen Kirche ausgetreten[117] und bekräftigte als sogenannter Gottgläubiger seine besondere weltanschauliche Bindung zu „Himmlers Quasi-Religion"[118]. Auch die Verleihung des sogenannten Jul-

---

114 Vgl. Beförderungsvorschlag des Chefs des SS-Sanitätsamts für August Bender vom 16.09.1942, BA Berlin, R 9361 III/516482.

115 Vgl. Vernehmung von August Bender durch Staatsanwalt Dr. Korsch am 22.01.1964, LA NRW, Rep. 118 Nr. 2.

116 Vgl. Sydnor 2007, S. 257–259.

117 Vgl. Bescheinigung des Standesamtes Weimar über den Austritt aus der römisch-katholischen Kirche vom 18.04.1941, WASt, August Bender, 02.03.1909.

118 Schmidt, Mathias/Groß, Dominik/Westemeier, Jens: Dr. Hermann Pook – „Leitender Zahnarzt" der Konzentrationslager, in: Groß, Dominik u. a. (Hrsg.): Zahnärzte und Zahnheilkunde im „Dritten Reich". Eine Bestandsaufnahme (= Medizin und Nationalsozialismus 6), Berlin 2018, S. 113–127, hier

leuchters an Bender[119] dokumentiert seine Nähe zur SS-Ideologie. Mit der Feier des Julfestes, das idealtypisch am Tag der Wintersonnenwende gefeiert werden sollte, wurde der Versuch unternommen, angeblich ‚germanische‘ Ursprünge des Weihnachtsfestes zu konstruieren.[120] Die Schenkung des tönernen Julleuchters, der vermutlich auf Anregung der Forschungsgemeinschaft Deutsches Ahnenerbe e. V. eingeführt worden war, diente „als Substitut für kirchliche Symbole und christliche Deutungen des Weihnachtsfestes und zielte auf eine Erfassung des Privaten durch die Schutzstaffel ab.“[121]

S. 114. In der SSO-Akte sind der Kirchenaustritt und das Bekenntnis „gottgläubig“ nicht verzeichnet.

119 Vgl. SSO-Stammblatt August Bender, BA Berlin, R 9361 III/516482; Vernehmung von August Bender durch Staatsanwalt Dr. Korsch am 22.01.1964, LA NRW, Rep. 118 Nr. 2.

120 Vgl. Wilke, Karsten: Die „Hilfsgemeinschaft auf Gegenseitigkeit“ (HIAG) 1950–1990. Veteranen der Waffen-SS in der Bundesrepublik, Paderborn u. a. 2011, S. 199.

121 Ebd., S. 201.

3.4 Truppen-, Familien- und Lagerarzt im KZ Buchenwald

Im Januar 1944 wurde Bender von seiner Einheit (Gen. Kdo. II. SS-Pz.-Korps, 3. SS-Pz.-Div. „Totenkopf") in Odessa am Schwarzen Meer zurück zum SS-Lazarett Buchenwald versetzt.[122] Dies geschah durch die Hilfe Karl Genzkens, wie Bender in seinen Memoiren angibt.[123] So darf angenommen werden, dass die (Rück-)Versetzung auf Benders ausdrücklichen Wunsch hin erfolgte und er nicht, wie er später angab, nach Auflösung seiner Einheit nach Buchenwald befohlen wurde – obschon ihm eine „Frontverwendung" mehr gelegen habe.[124] Tatsächlich wurde Bender die Stelle vom SS-Sanitätsamt (Genzken) angeboten: „Da meine Familie in Weimar wohnte, bot man mir die Stelle in Weimar-Buchenwald an mit der Bemerkung, dort sei zur Zeit ein Truppenarzt, der noch keinen Frontdienst gemacht habe und selbst um ein Kommando an die Front gebeten habe."[125] Mit Wirkung vom 26. Januar 1944 wurde Bender schließlich zum SS-Wirtschafts-Verwaltungshauptamt, Amtsgruppe D III versetzt und vom Chef des Amtes, SS-Standartenführer Dr. Enno Lolling, als Truppen- und Familienarzt zum Kommandanturstab des KZ Buchenwald kommandiert.[126] Die Versetzungsverfügung sah vor, dass Bender die Dienstobliegenheiten des Truppenarztes SS-Hauptsturmführer Dr. Peter Hofer zu übernehmen habe, der zum SS-Sanitätsamt versetzt wurde.[127] Zur Ver-

---

122 Vgl. Versetzungsverfügung SS-FHA Amtsgruppe D Sanitätswesen der Waffen-SS vom 26.01.1944, BA Berlin, R 9361 III/516482; Memoiren August Bender: Abschnitt „Standarte ‚Thüringen'. KL.-Buchenwald" vom Dezember 1993, BA Koblenz, N 1788/4.

123 Vgl. Memoiren August Bender: Abschnitt „Standarte ‚Thüringen'. KL.-Buchenwald" vom Dezember 1993, BA Koblenz, N 1788/4.

124 Vgl. Vernehmung von August Bender durch Staatsanwalt Dr. Korsch am 22.01.1964, LA NRW, Rep. 118 Nr. 2; Gutachten des Entnazifizierungsausschusses des Kreises Düren in der Sache August Bender vom 08.10.1948, LA NRW, NW 1081/4498; Eidesstattliche Erklärung August Bender [Datum unleserlich], ITS Bad Arolsen, 1.1.5.0.

125 Vernehmung von August Bender durch Albert B. Westerweel am 28.02.1947, BA Koblenz, N 1788/9.

126 Vgl. Versetzungsverfügung SS-FHA Amtsgruppe D Sanitätswesen der Waffen-SS vom 26.01.1944, BA Berlin, R 9361 III/516482; Versetzungsverfügung SS-WVHA Amt D III vom 21.01.1944, WASt, August Bender, 02.03.1909.

127 Vgl. ebd.

Abb. 12: Das Stereotyp der arischen deutschen Frau, Abbildung aus der SS-Veteranen-zeitschrift Der Freiwillige. Quelle: Der Freiwillige 5/1986, Cover-Rückseite

setzung Hofers aus Buchenwald an die Front wird eine Anekdote erzählt, die hier kurz wiedergegeben werden soll, spiegelt sie doch in erschreckender Deutlichkeit das von Lolling erwartete Arbeitsethos im Lagerdienst:

„Nach der Verhaftung des Lagerarztes Hoven, der in den Prozeß gegen den früheren Kommandanten Koch verwickelt war, wurde Dr. [Peter] Hofer aus Salzburg vertretungsweise Lagerarzt. Dieser Arzt war der einzige, der den Häftlingen gegenüber anständig auftrat und wirklich versuchte, das Los der unglücklichen Opfer der Nazis zu erleichtern. [...] Nach wenigen Tagen seines Hierseins erschien der Chef des Amtes D III, SS-Standartenführer Lolling, und hatte mit Hofer eine Aussprache im SS-Revier. Dabei sagte Hofer voll stolz: ‚Ich bin bereit, das Lager als 1. Lagerarzt zu betreuen, und versichere Ihnen, daß die Zahl der Toten auf ein Minimum sinken wird, was bereits jetzt eingetreten ist.' Die Antwort Lollings lautete: ‚Darum werden Sie auch nicht 1. Lagerarzt!' Dr. Hofer sagte daraufhin nur: ‚Ich bitte mich zur Feldeinheit zu versetzen.' Und so geschah es auch nur nach wenigen Tagen."[128]

Bender war in Buchenwald nach eigenen Angaben über seine Tätigkeit als Arzt für die Angehörigen der Divisions-Wachstube der SS-Totenkopfdivision, die Kommandanturangehörigen, die SS-Wachmannschaften, die Zivilarbeiter und -angestellten der Gustloff-Werke und deren Familien hinaus zuständiger Arzt für Eheberatungen und SS-Heiratsuntersuchungen.[129] Die Heiratsuntersuchungen führte Bender im Auftrag des Rasse- und Siedlungshauptamtes der SS durch. Dabei wurden im nationalsozialistischen Sinne der Rassenhygiene und Eugenik besonders strenge Maßstäbe für die Ehepartnerinnen von SS-Angehörigen angelegt: „Nur vollkommen gesunde und rassisch einwandfreie Frauen durften sich mit Mitgliedern der NS-Eliteorganisation verbinden, an deren Nachwuchs man höchste Ansprüche stellte."[130] Bender hatte im ärztlichen Untersuchungsbogen des Rasse- und Siedlungshauptamtes nicht nur die jeweilige Familienkrankengeschichte – besonders im Hinblick auf Erbkrankheiten – aufzunehmen, sondern nach exakter Erfassung des menschlichen Phänotyps eine Einteilung in die jeweilige Rasse vorzunehmen. Schließlich hatte er im „Urteil über Ehetauglichkeit" zu entscheiden: „Ist Fortpflanzung im völkischen Sinne wünschenswert?"[131]

---

128 Leeser, Kurt: Hauptsturmführer Dr. Hofer, in: Hackett, David A. (Hrsg.): Der Buchenwald-Report. Bericht über das Konzentrationslager Buchenwald bei Weimar, München 1996, S. 257–258. Vgl. auch Kogon 2006, S. 163. Dr. Napoleon Gymnich, ehemaliger politischer Häftling in Buchenwald, erzählt darüber hinaus: „Ein Arzt, SS Sturmbannführer Hofer, meldete sich bei dem Kapo des Krankenbaus, Ernst Busse, mit Handschlag ab (an sich ein unerhörter Vorfall) und erklärte, er könne das nicht länger mitmachen und gehe freiwillig zur Front" (Vernehmung von Napoleon Gymnich vor dem Amtsgericht Köln am 19.05.1965, LA NRW, Rep. 118 Nr. 2).

129 Vgl. Eidesstattliche Erklärung August Bender [Datum unleserlich], ITS Bad Arolsen, 1.1.5.0; Vernehmung von August Bender durch Albert B. Westerweel am 28.02.1947, BA Koblenz, N 1788/9; Entnazifizierungsbogen August Bender, LA NRW, NW 1081/4498; Gutachten des Entnazifizierungsausschusses des Kreises Düren in der Sache August Bender vom 08.10.1948, LA NRW, NW 1081/4498.

130 Frevert, Ute: Frauen, in: Benz, Wolfgang u. a. (Hrsg.): Enzyklopädie des Nationalsozialismus, Stuttgart ³1998, S. 220–234, hier S. 225.

131 Ärztlicher Untersuchungsbogen des Rasse- und Siedlungshauptamtes der SS, BA Berlin, R 9361

Wie Benders üblicher Tagesablauf aussah, geht aus einem Dienstbericht hervor, den Bender gegenüber seinem Dienstvorgesetzten vor Ort, dem Standortarzt der Waffen-SS Weimar, SS-Hauptsturmführer Dr. Gerhard Schiedlausky, am 9. März 1944 abgab:

„Ich betrat das Tr.Revier um 6⁵⁰ Uhr, hielt anschliessend Revierstunde, versah den Dienst im Liegerevier, begab mich daraufhin zum Geschäftszimmer des SS-T.Sturmbannes. Anschliessend in das Büro des SS-Sturmbannführers Barnewald. Dann machte ich einen Krankenbesuch bei dem Kinde des SS-Obersturmführer Dumböck und bei der Tochter des SS-Standartenführers Schlosser. Um 1/4 vor 1 Uhr war ich wieder im Revier, behandelte die, wie üblich Mittwoch zur Behandlung kommenden Familienangehörigen und erledigte 3 Heiratsuntersuchungen. Um 1/2 1 Uhr aß ich zu Mittag und hielt mich anschliessend, während des Fliegeralarmes im Revier auf. Um 15⁴⁵ Uhr bestieg ich den Pkw., machte Krankenbesuche in Hottstedt, Ettersburg und Weimar. Gegen 17¹⁵ Uhr verliess ich dann [in] Weimar den Wagen und begab mich in meine Wohnung. Die Fahrt zu den Hausbesuchen trat ich bisher so an, dass ich durchschnittlich gegen 17³⁰ Uhr in meiner Wohnung bin. Manchmal wird es auch später.“¹³²

Im Sommer 1944 zog er gemeinsam mit seiner Frau Hildegard aus der Wohnung in der Immelmannstraße in Weimar in ein voll möbliertes Haus in der von KZ-Häftlingen neu angelegten, idyllisch gelegenen SS-Siedlung Kleinobringen (siehe Abb. 13).¹³³ Ende November 1944 wurde Benders Tochter Ingeborg geboren.¹³⁴
    Als im August 1944 der 2. Lagerarzt SS-Hauptsturmführer Dr. Ralf Rogge mit dem Fahrrad verunglückte und dienstunfähig wurde, bedurfte es einer Vertretung im Lager.¹³⁵ Man schickte den 67-jährigen

---

III/10619.

132 Dienstbericht des Truppenarztes der Waffen-SS an den Standortarzt der Waffen-SS Weimar vom 09.03.1944, WASt, August Bender, 02.03.1909.

133 Vgl. Vernehmung von August Bender durch Albert B. Westerweel am 28.02.1947, BA Koblenz, N 1788/9; Memoiren August Bender: Abschnitt „Standarte ‚Thüringen'. KL.-Buchenwald“ vom Dezember 1993, BA Koblenz, N 1788/4.

134 Vgl. Gebührnis-Karte August Bender, BA Berlin, R 9361 III/10619.

135 Vgl. Eidesstattliche Erklärung August Bender [Datum unleserlich], ITS Bad Arolsen, 1.1.5.0; Ver-

Abb. 13: Im Bau befindliche SS-Siedlung II in Kleinobringen (heute: Ettersberg-Siedlung). Quelle: Archiv der Stiftung Bauhaus Dessau, 1-F-8419/Fotoarchiv Buchenwald, 003-11.002

SS-Sturmbannführer Dr. Richard Krieger nach Buchenwald, der den Dienst jedoch nicht habe ausführen können.[136] Daraufhin wurde der SS-Untersturmführer Dr. Erich Kather geschickt, der aber bereits erkrankt in Buchenwald eingetroffen sei und den Dienst ebenfalls nicht habe antreten können.[137] So sei es gekommen, dass der Standortarzt Dr. Schiedlausky Bender als Truppen- und Familienarzt befohlen habe, er müsse aushilfsweise die Vertretung des 2. Lagerarztes übernehmen.[138]

---

nehmung von August Bender durch Albert B. Westerweel am 28.02.1947, BA Koblenz, N 1788/9; Gutachten des Entnazifizierungsausschusses des Kreises Düren in der Sache August Bender vom 08.10.1948, LA NRW, NW 1081/4498.

136 Vgl. ebd. Zu Dr. Richard Krieger vgl. Scherf 1987, S. 350, Nr. 79.

137 Vgl. Vernehmung von August Bender durch Albert B. Westerweel am 28.02.1947, BA Koblenz, N 1788/9; Eidesstattliche Erklärung August Bender [Datum unleserlich], ITS Bad Arolsen, 1.1.5.0. Zu Dr. Erich Kather vgl. Scherf 1987, S. 348, Nr. 69.

138 Vgl. Vernehmung von August Bender durch Albert B. Westerweel am 28.02.1947, BA Koblenz, N 1788/9; Gutachten des Entnazifizierungsausschusses des Kreises Düren in der Sache August Bender vom 08.10.1948, LA NRW, NW 1081/4498.

42

*Abb. 14: Häftlinge bei Aufräumarbeiten auf dem Gelände der Gustloff-Werke.
Quelle: F.N.D.I.R.P., 4738/Fotoarchiv Buchenwald, 003-06.002*

Nach eigener Aussage hat Bender diese Anordnung unter Verweis auf seine Versetzungsverfügung, laut der eine Verwendung ausschließlich als Truppen- und Familienarzt vorgesehen war, zunächst abgelehnt:[139]

„Einige Tage spaeter – es war Ende August oder Anfang September 1944 – kam ein Fernschreiben von Standartenfuehrer LOLLING, welches lau-

---

139 Vgl. Eidesstattliche Erklärung August Bender [Datum unleserlich], ITS Bad Arolsen, 1.1.5.0; Vernehmung von August Bender durch Albert B. Westerweel am 28.02.1947, BA Koblenz, N 1788/9. Eine andere, fragwürdige Begründung findet sich im Gutachten des Entnazifizierungsausschusses des Kreises Düren in der Sache August Bender vom 08.10.1948, LA NRW, NW 1081/4498: „Er habe diesen Befehl auf Grund seiner damaligen Stellung als Sturmbannführer – diesen Rang habe er als Oberstabsarzt eingenommen – verweigern können, da der Standortarzt ihm Dienstrangmäßig untergeordnet gewesen sei.“ – Bei seiner Vernehmung durch Albert B. Westerweel sagte Bender 1947 noch etwas ganz anderes aus: „F.: Wie Sie vorher aussagten waren Sie direkt dem SS-Hauptstuf. Dr. SCHIEDLAUSKY unterstellt. Wie ist es moeglich, dass Sie jemand unterstanden, der im Rang niedriger war als Sie? A.: Darueber habe ich mir nie Gedanken gemacht, an der Front als Abteilungsarzt der SS-Panzer Jaegerabteilung der SS-Panzerdivision ‚Totenkopf‘ war ich z. B. im Range eines SS-Hauptsturmfuehrers, waehrend der Abteilungskommandeur ein junger SS-Obersturmfuehrer war. Soweit mir bekannt, gab es in der SS laut Reichsfuehrerbefehl nicht den Begriff des Beamten, des Verwaltungsfuehrers oder Arztes, sondern nur den ‚des SS-Fuehrers‘.“ (Vernehmung von August Bender durch Albert B. Westerweel am 28.02.1947, BA Koblenz, N 1788/9).

tete, dass ich sofort unter Beibehaltung meiner bisherigen Diensttaetigkeit aushilfsweise den 2. Lagerarzt zu vertreten habe. Ich wurde stellvertretender 2. Lagerarzt auf Befehl Dr. LOLLINGs, und zwar von Ende August 1944 bis 11. April 1945. Ich unterstand als stellvertretender 2. Lagerarzt dem 1. Lagerarzt und Standortarzt Dr. SCHIEDLAUSKY."[140]

In die Zeit des Dienstantritts Benders als 2. Lagerarzt fiel unmittelbar ein schwerer Luftangriff auf Buchenwald. Am 24. August 1944 bombardierten in den Mittagsstunden US-Bomber den Kasernenbereich, Teile des Lagers und angrenzende Industrieanlagen. Eigentlich galt der Angriff ausschließlich dem Gustloff-Werk II, den Deutschen Ausrüstungswerken und den Einrichtungen der SS.[141] Durch die Folgen des Luftangriffs verloren bis November 1944 neben rund 80 SS-Leuten und etwa 20 Familienangehörigen 388 Häftlinge ihr Leben.[142] Vom Luftangriff und der anschließenden Behandlung der Verwundeten berichtet Bender in seinen Memoiren ausführlich.[143] Der deutsche Häftlingsarzt Dr. Ludwig Weissbecker, der Bender nach dem Luftangriff des erste Mal im Lager gesehen haben will[144], betont in seiner Aussage im Buchenwald-Prozess 1947, dass Bender bei der Behandlung von Verwundeten keinen Unterschied zwischen SS-Leuten und Häftlingen gemacht habe[145] und erzählt dazu folgende Anekdote:

„A runner came from the gardening plant, from First Lt. Dumbeck [sic!][146], and this runner said to Dr. Bender that Dr. Bender should come to Dumbeck immediately because Dumbeck had been wounded on the finger; and

---

140 Eidesstattliche Erklärung August Bender [Datum unleserlich], ITS Bad Arolsen, 1.1.5.0.

141 Vgl. Stein 1999, S. 205 f.

142 Vgl. ebd.; Kogon 2006, S. 299.

143 Vgl. Memoiren August Bender: Abschnitt „K. L. Buchenwald" vom Dezember 1993, BA Koblenz, N 1788/4.

144 Vgl. Schreiben von Ludwig Weissbecker an den Leiter der Zentralstelle im Lande Nordrhein-Westfalen für die Bearbeitung von nationalsozialistischen Massenverbrechen in Konzentrationslagern bei dem Leitenden Oberstaatsanwalt in Köln vom 04.02.1964, LA NRW, Rep. 118 Nr. 2; vgl. auch Schreiben von Ludwig Weissbecker an August Bender vom 22.10.1951, BA Koblenz, N 1788/3.

145 Vgl. Aussage von Ludwig Weissbecker beim Buchenwald-Prozess 1947, Prot. S. 2028, ITS Bad Arolsen, 5.1. Vgl. dazu auch Scherf 1987, S. 214.

146 Gemeint ist SS-Obersturmführer Karl Dumböck, Kommandoführer der Gärtnerei.

Dr. Bender said that he should stick his finger up his ass because it would heal just the same way; because he couldn't go down there – he had wounded prisoners there."[147]

Am 5. Oktober 1944 bekam Bender für die Rettung von beim Luftangriff Verwundeten gemeinsam mit 48 anderen SS-Männern und einer DRK-Schwester das Kriegsverdienstkreuz 2. Klasse (KVK II) mit Schwertern verliehen.[148]

---

147 Aussage von Ludwig Weissbecker beim Buchenwald-Prozess 1947, Prot. S. 2028, ITS Bad Arolsen, 5.1.

148 Vgl. Verleihungsurkunde zum Kriegsverdienstkreuz 2. Klasse mit Schwertern an August Bender vom 05.10.1944, WASt, August Bender, 02.03.1909. In der Begründung der Vorschlagsliste des Lagerkommandanten Pister heißt es: „Die vorgenannten Führer, Unterführer und Männer haben sich beim Luftangriff auf das Lager Buchenwald am 24.8.1944 in vorbildlicher Weise unter Einsatz ihres Lebens bei Bergung Verschütteter und Sicherstellung wertvoller Güter, bei der Rettung Verwundeter eingesetzt und verdienen diese besondere Auszeichnung." (Vorschlagsliste Nr. 1 für die Verleihung des Kriegsverdienstkreuzes 2. Klasse mit Schwertern vom 30.09.1944, NARA, RG 549, War Crimes Trials Case Files, 000-50-9, Box 447, Folder No. 1).

3.4.1 Untersuchung auf Arbeits- und Transportfähigkeit

Nach eigener Angabe umfasste Benders Tätigkeit als Lagerarzt vor allem die Musterung von Häftlingen für den Arbeitseinsatz, die mit Transporten in Außenkommandos des KZ Buchenwald gebracht werden sollten.[149] In arbeitsteiligem Zusammenwirken mit dem Arbeitseinsatzführer und dem Häftlingskommando Arbeitsstatistik kam dem Lagerarzt die Aufgabe zu, die für den Arbeitseinsatz vorgesehenen Häftlinge auf ihre Arbeitstauglichkeit hin zu untersuchen, nach Verwendbarkeit einzuteilen sowie Kranke und Schwache zur „Vernichtung" auszusondern.[150] Bender hatte in diesem Zusammenhang einerseits dafür zu sorgen, dass keine kranken Häftlinge in den Arbeitseinsatz kamen, andererseits hatte er bestimmte „Kontingente" zu erfüllen.[151] Zu diesem Zweck hielt er sich jeden Vormittag, in der Regel zwischen 7 und 11 Uhr, im Häftlingskrankenbau auf.[152] Die Musterungen fanden üblicherweise im „Wechselbad" des Häftlingskrankenbaus statt[153], bei besonders großem Musterungssoll auch im Kinogebäude oder in den Baracken selbst[154]. Den genauen Ablauf ei-

---

149 Vgl. Eidesstattliche Erklärung August Bender [Datum unleserlich], ITS Bad Arolsen, 1.1.5.0; Vernehmung von August Bender durch Albert B. Westerweel am 28.02.1947, BA Koblenz, N 1788/9; Gutachten des Entnazifizierungsausschusses des Kreises Düren in der Sache August Bender vom 08.10.1948, LA NRW, NW 1081/4498; Vernehmung von August Bender durch Staatsanwalt Dr. Korsch am 22.01.1964, LA NRW, Rep. 118 Nr. 2. Vgl. auch Vernehmung von Friedrich Wilhelm durch Joseph Kirschbaum am 21.02.1947, LA NRW, Rep. 118 Nr. 2.

150 Vgl. Stein 1999, S. 138.

151 Vgl. Eidesstattliche Erklärung August Bender [Datum unleserlich], ITS Bad Arolsen, 1.1.5.0; Vernehmung von August Bender durch Albert B. Westerweel am 28.02.1947, BA Koblenz, N 1788/9; Vernehmung von Friedrich Wilhelm durch Joseph Kirschbaum am 21.02.1947, LA NRW, Rep. 118 Nr. 2; Gutachten des Entnazifizierungsausschusses des Kreises Düren in der Sache August Bender vom 08.10.1948, LA NRW, NW 1081/4498; Vernehmung von August Bender durch Staatsanwalt Dr. Korsch am 22.01.1964, LA NRW, Rep. 118 Nr. 2. Vgl. außerdem Schweda 2012.

152 Vgl. Vernehmung von August Bender durch Staatsanwalt Dr. Korsch am 22.01.1964, LA NRW, Rep. 118 Nr. 2. Vgl. außerdem Entnazifizierungsbogen August Bender, NARA RG 549, WCPL, Box 6, August Bender: „vormittags (Mittwochs u. Sonnabends nur bis 10 Uhr) für Musterungszwecke für den Arbeitseinsatz im Lager tätig gewesen."

153 Vgl. Vernehmung von August Bender durch Albert B. Westerweel am 28.02.1947, BA Koblenz, N 1788/9; Vernehmung von Friedrich Wilhelm durch Joseph Kirschbaum am 21.02.1947, LA NRW, Rep. 118 Nr. 2.

154 Vgl. Aussage von Ludwig Weissbecker im Buchenwald-Prozess 1947, Prot. S. 2028, ITS Bad Arolsen, 5.1. Dazu außerdem Stein 1999, S. 138.

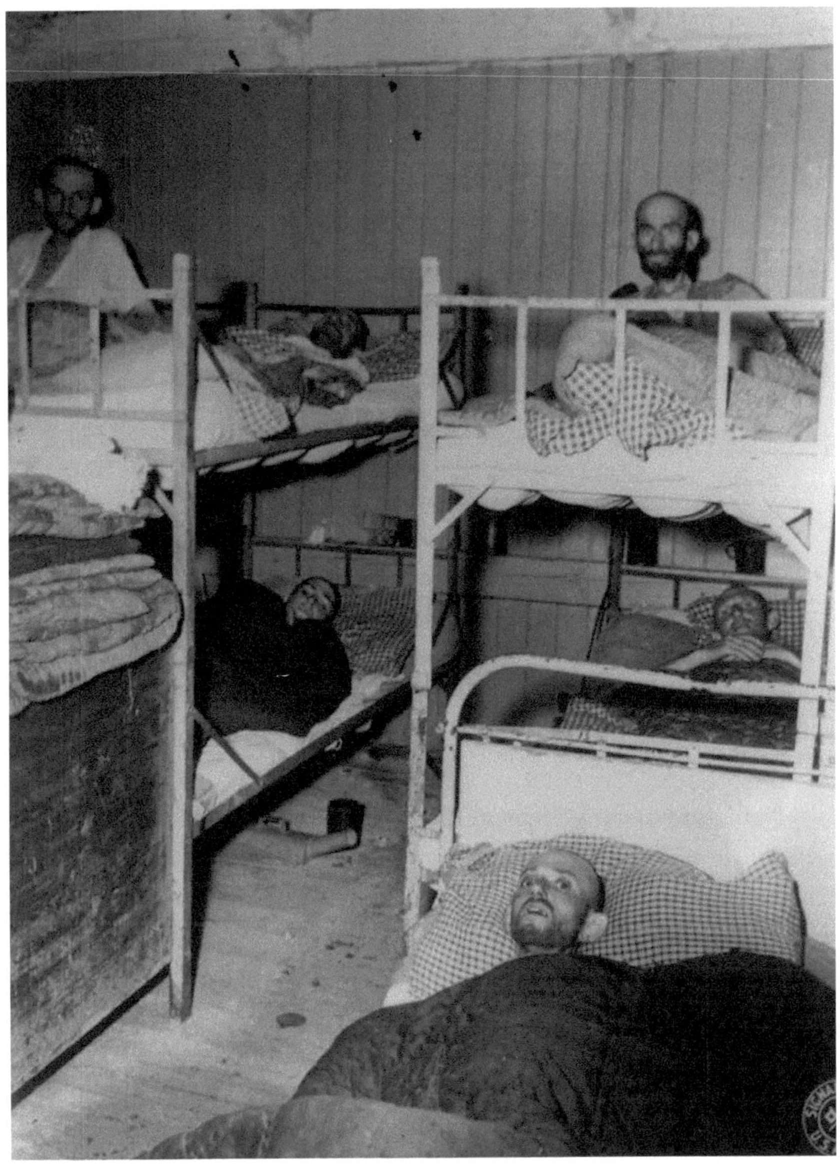

Abb. 15: Blick in eine Baracke des Häftlingskrankenbaus nach der Befreiung, 1945.
Quelle: United States Holocaust Memorial Museum, Washington, R. 4724/Fotoarchiv
Buchenwald, 006.001

ner solchen Musterung beschreibt SS-Hauptscharführer Friedrich Wilhelm, eingeteilt zum Sanitätsdienst im Häftlingskrankenbau, wie folgt:

„Die Untersuchung ging ziemlich schnell vonstatten. Dr. BENDER saß mit einem Häftling – ich weiß nicht, wie er hieß –, der die Namen hatte. Die Liste kam vom Arbeitsführer herunter. Die Namen wurden aufgerufen. Dann gingen Häftlinge nackend vorbei. Er fragte: gesund? Er hatte noch einen Dolmetscher, falls es Franzosen, Russen oder Polen waren. Wenn sie sagten: ja, und einigermaßen kräftig aussahen, waren sie arbeitsfähig. Wenn er zu alt war, schon über die Jahre hinaus, wurde er zurückgestellt. Auch ganz Junge wurden zurückgestellt. Wenn einer sagte, daß er krank ist, fragte er, was ihm fehlt, und dann hat er einen Häftlingsarzt hingeschickt, der den Mann untersuchte. Wenn der Häftlingsarzt sagte, ihm fehlt nichts, war er gesund und arbeitsfähig; wenn er sagte, er ist krank, wurde er zurückgestellt.“[155]

Die Arbeits- bzw. Nichtarbeitsfähigkeit teilte Bender in zehn Kategorien ein: von „transportfähig“ (= voll arbeitsfähig, Kategorie „K“) über „begrenzt transportfähig“ (= leichte Arbeit, Kategorie „X“) und „Lagerarbeit“ (Kategorie „L. A.“), „leichte Lagerarbeit“ (Kategorie „L. L.“), „sitzende Arbeit“ und „sorgfältige Behandlung“ nach Krankheit bis hin zur Kategorie „unbrauchbar“: „Geistig verwirrt und physisch deformiert. Schlechte allgemeine physische Verfassung, welche bald eine Arbeitsbeschäftigung unmöglich macht; auch Tuberkulöse und Menschen, die an Tumoren litten“ (Kategorie „unbrauchbar“ oder „B. B.“ für Bergen-Belsen).[156] „Ein entsprechender Vermerk wurde auf der Karthotekkarte gemacht. Von meinen Mitarbeitern, ausschliesslich Haeftlingen, wurden dann entsprechende Listen, die ich unterschrieb angefertigt. Diese kamen dann zur Arbeitssta-

---

[155] Vernehmung von Friedrich Wilhelm durch Joseph Kirschbaum am 21.02.1947, LA NRW, Rep. 118 Nr. 2. Bei dem anwesenden Häftlingsarzt handelt es sich um Dr. Ludwig Weissbecker, bei dem Dolmetscher um Heinrich Suderland (vgl. Aussage von Ludwig Weissbecker im Buchenwald-Prozess 1947, Prot. S. 2028 f., ITS Bad Arolsen, 5.1; Vernehmung von August Bender durch Albert B. Westerweel am 28.02.1947, BA Koblenz, N 1788/9).
[156] Vgl. Stein 1999, S. 138.

tistick [sic!]."[157] Die erste Musterungsliste in Benders Zuständigkeit, die im Buchenwaldarchiv überliefert ist, datiert auf den 1. September 1944.[158] Bender, der nach eigenen Angaben teilweise bis zu 1.500 Häftlingen täglich musterte[159], gab später zu, dass „man dem einzelnen Häftling kaum mehr als einen Blick gönnen"[160] konnte und er nach einem „grobsichtigen Befund die abschließende Entscheidung"[161] habe treffen müssen.[162] Der ehemalige Häftling Jiri Zak berichtet davon, dass Bender einmal „in zwei Stunden 1100 Häftlinge ‚untersuchte'. Trotz der chronischen Unterernährung, unter der fast alle Häftlinge litten, erklärte Bender nur 26 von diesen 1100 als nicht transportfähig."[163] So kam es, dass immer wieder nichtarbeitsfähige Häftlinge in Arbeitskommandos gelangten[164] und hier unter elenden Arbeitsbedingungen bereits nach wenigen Tagen zu Tode kamen oder „nach wenigen Wochen vollkommen entkräftet und mit Geschwüren überdeckt zum Teil mit fehlenden Gliedmaßen zurück [kamen], um dann erst endgültig nach Bergen-Belsen zur Vergasung[165] abtransportiert

---

157 Vernehmung von August Bender durch Albert B. Westerweel am 28.02.1947, BA Koblenz, N 1788/9.

158 Vgl. Lagerarztuntersuchungsliste vom 23.09.1944, ITS Bad Arolsen, 1.1.5.1. Die Untersuchungslisten lagen meist nur als Durchschlag vor; hier fehlt die Originalunterschrift. Benders Zuständigkeit ist aber erkennbar durch die Angabe seines Dienstgrades SS-Sturmbannführer, den ihn von den anderen Lagerärzten aus dem betreffenden Zeitraum unterscheidet.

159 Vgl. Vernehmung von August Bender durch Albert B. Westerweel am 28.02.1947, BA Koblenz, N 1788/9.

160 Vernehmung von August Bender durch Staatsanwalt Dr. Korsch am 22.01.1964, LA NRW, Rep. 118 Nr. 2.

161 Ebd.

162 Vgl. auch Aussage von Eugen Kogon beim Buchenwald-Prozess 1947, Prot. S. 340, ITS Bad Arolsen, 5.1: „Whenever he took care of the medical examination of prisoners for transports he did this only in a superficial manner. [...] It happened that up to a thousand prisoners that paraded before the Camp Physician and in one hour's time or in an hour and a half he made his decision."

163 Zak, Jiri: Der Gesundschreibe-Doktor, in: Hackett, David A. (Hrsg.): Der Buchenwald-Report. Bericht über das Konzentrationslager Buchenwald bei Weimar, München 1996, S. 257.

164 Vgl. etwa Vernehmung von Friedrich Wilhelm durch Joseph Kirschbaum am 21.02.1947, LA NRW, Rep. 118 Nr. 2; Aussage von Eugen Kogon beim Buchenwald-Prozess 1947, Prot. S. 341, ITS Bad Arolsen, 5.1; Vernehmung von Napoleon Gymnich durch Staatsanwalt Dr. Korsch am 04.02.1962, LA NRW, Rep. 118 Nr. 2; Aussage Walter Vielhauer bei der Staatsanwaltschaft Köln [ohne Datum], LA NRW, Rep. 118 Nr. 2.

165 Die Angabe ist in dem Sinne falsch, als dass es in Bergen-Belsen selbst keine Gaskammern gab.

zu werden."[166] Dass Bender von den Arbeitsbedingungen in den Außenkommandos durchaus wusste, ist gesichert: In das Außenlager Dora, später KZ Mittelbau, bekam Bender bei einem dienstlichen Besuch nach eigenen Angaben „hinreichend Einblick" und „lernte die Arbeitsbedingungen kennen."[167] Trotzdem schreibt er in seinen Memoiren gänzlich verblendet: „Kranke wurden gegen Gesunde ausgetauscht. Von ‚Vernichtung' konnte keine Rede sein. Idiotische Propaganda."[168] Auch erklärt Bender, von dem Befehl gewusst zu haben, „dass Kranke und nichtarbeitsfaehige und invalide Haeftlinge in's Krankenlager nach Bergen-Belsen ueberfuehrt werden sollten."[169] Benders Dienstvorgesetzter Dr. Schiedlausky sagte dazu, dass im März 1945 zwei jeweils 1.200 Mann starke Krankentransporte mit Angehörigen aller Nationen nach Bergen-Belsen fuhren: „Diese Kranken wurden seinerzeit von Dr. Bender ausgesucht, der den Auftrag dazu von mir erhielt."[170] Freilich stritt Bender später ab, von dem eigentlichen „Zweck" der Transporte gewusst zu haben: „Es war mir unbekannt damals, dass in Wirklichkeit diese von mir unbrauchbar geschriebenen Haeftlinge auf Vernichtungstransporte nach Bergen-Belsen geschickt wurden."[171]

Seit dem 24. August 1944 bestand der Befehl der Amtsgruppe D im SS-Wirtschafts-Verwaltungshauptamt auf „Rücküberstellung arbeitsunfähiger jüdischer Häftlinge aus den Arbeitslagern nach Auschwitz".[172] Dieser Befehl wurde am 25. August per Rundschreiben auch den SS-Standort- und Lagerärzten bekannt gegeben.[173] Entsprechende Vernichtungstransporte von minderjährigen Juden, Sinti und Roma nach Auschwitz-Birkenau wurden in der Folgezeit zusammengestellt. Kogon erinnert sich:

---

166 Aussage Walter Vielhauer bei der Staatsanwaltschaft Köln [ohne Datum], LA NRW, Rep. 118 Nr. 2.
167 Memoiren August Bender: Abschnitt „K. L. Buchenwald" vom Dezember 1993, BA Koblenz, N 1788/4.
168 Ebd.
169 Eidesstattliche Erklärung August Bender [Datum unleserlich], ITS Bad Arolsen, 1.1.5.0.
170 Statement Gerhard Schiedlausky aus 000-50-9 [ohne Datum], LA NRW, Rep. 118 Nr. 2.
171 Eidesstattliche Erklärung August Bender [Datum unleserlich], ITS Bad Arolsen, 1.1.5.0.
172 Vgl. zu den Vernichtungstransporten nach Auschwitz-Birkenau Stein 1999, S. 218–221.
173 Vgl. ebd., S. 220.

„Auch hartgesottenen Männern ging es tief zu Herzen, als die SS im Herbst 1944 Judenkinder und alle Zigeunerjungen plötzlich herausfischte, zusammentrieb und die schreienden, weinenden Kinder, von denen ein Teil um jeden Preis zu ihren Vätern und Häftlingsbeschützern in den einzelnen Kommandos zurückwollte, mit in Anschlag gebrachten Karabinern und Maschinenpistolen umstellte, um sie nach Auschwitz zur Vergasung abzutransportieren.“[174]

Dass Bender an der Selektion für diese Vernichtungstransporte beteiligt war, ergibt sich aus den Musterungslisten des Lagerarztes. Bender taucht hier als Entscheidungsträger über Leben und Tod in einem recht prominenten Zusammenhang auf. Der dreijährige Stefan Jerzy Zweig, bekannt als „Buchenwaldkind" aus Bruno Apitz’ Roman *Nackt unter Wölfen* (1958), stand auf der Liste eines Vernichtungstransports, der am 26. September 1944 von Buchenwald nach Auschwitz ging.[175] Durch eine kurzfristige Änderung auf der Transportliste, die wohl von politischen Funktionshäftlingen forciert und von Bender als Lagerarzt mitgetragen wurde[176], wurde Zweig das Leben gerettet – mit zwölf anderen Jungen wurde er in letzter Minute von der Liste gestrichen und durch andere Jugendliche ersetzt.[177] Stein schreibt dazu: „Es sieht wie eine Korrektur aus, denn der Transport bestand nun ausschließlich aus jugendlichen Sinti und Roma."[178] In der jüngsten Vergangenheit gab es eine lebhafte Debatte um diesen angeblichen „Opfertausch": Für den dreijährigen Juden Zweig sei der sechzehnjährige Sinto-Junge Willy Blum auf

---

174 Kogon 2006, S. 288 f.

175 Vgl. dazu Niven, Bill: Das Buchenwaldkind. Wahrheit, Fiktion und Propaganda. Aus dem Englischen von Florian Bergmeier, Halle/Saale 2009.

176 Bender erklärte später: „Haeftlinge die sich mit besonderen Wuenschen an mich wandten, z. B. in Hinsicht auf gewuenschte Berufsarbeit, habe ich stets unter Erschoepfung aller Moeglichkeiten beruecksichtigt, und mich fuer die Erreichung des Ziels eingesetzt. Hatten Haeftlinge z. B. Zigeuner den Wunsch, bei ihren angeblichen Kindern oder Neffen in Buchenwald zu bleiben, so habe ich auch dies unter der Gefahr eines Tages bei Aufkommen des wahren Sachverhaltes gemassregelt zu werden bewerkstelligt" (Vernehmung von August Bender durch Albert B. Westerweel am 28.02.1947, BA Koblenz, N 1788/9).

177 Vgl. Stein, Harry: „Nackt unter Wölfen" – literarische Fiktion und Realität einer KZ-Gesellschaft, online: https://www.buchenwald.de/fileadmin/user_upload/apitzthilm.pdf [Zugriff: 01.04.2019], S. 9 f.

178 Ebd., S. 10.

den Vernichtungstransport gegangen.[179] Tatsächlich findet sich auf Benders Musterungsliste vom 23. September 1944 der Vermerk: „Betrifft: Transport jugdl. Zigeuner. [...] Die Häftlg. 41923/47 Bamberger W[alter] und 74254/47 Blum Willy wollen auf Transport mit ihren Brüdern, wogegen keine Bedenken bestehen."[180] Annette Leo weist darauf hin, dass es dennoch verfehlt wäre, von einem „Opfertausch" im arrangierten Sinne zu sprechen:

> „Der achtzehnjährige Walter Bamberger und der sechzehnjährige Willy Blum hatten sich ‚freiwillig‘, sofern man unter diesen Umständen ein solches Wort überhaupt verwenden kann, gemeldet, weil sie ihre kleinen Brüder – Otto, elf Jahre, und Rudolf, zehn Jahre – nicht allein lassen wollten. Zwischen Bruderliebe und Überlebenswillen hatten sie eine Wahl getroffen. Und auch das Wort ‚Wahl‘ scheint in diesem Zusammenhang nicht zu passen. Beide wussten, was Auschwitz-Birkenau bedeutete, schließlich waren sie vor kurzem erst von dort gekommen."[181]

Willy Blum wurde ebenso wie Walter Bamberger in Auschwitz ermordet.

Als Anfang April 1945 Himmlers Evakuierungsbefehl für das Lager erging, war Bender nach eigener Aussage an den Selektionen zu den Evakuierungstransporten jüdischer Häftlinge nach Theresienstadt beteiligt.[182] Eugen Kogon erinnert sich, dass am Nachmittag des 4. April 1945 plötzlich alle Juden des Lagers aufgerufen wurden.[183] Nachdem niemand auf dem Appellplatz erschienen sei, habe die SS am Morgen des 5. April alle Häftlinge blockweise antreten lassen:

> „‚Juden heraus!‘ Ein Teil folgte dem Befehl, den Rest mußten sie sich ‚nach dem Gesicht‘ suchen, da sie seit der Bombardierung Buchenwald keine

---

179 Vgl. Leo, Annette: Das Kind auf der Liste. Die Geschichte von Willy Blum und seiner Familie, Berlin 2018, S. 15 f.

180 Lagerarztuntersuchungsliste vom 23.09.1944, ITS Bad Arolsen, 1.1.5.1.

181 Leo 2018, S. 21 f.

182 Vgl. Vernehmung von August Bender durch Albert B. Westerweel am 28.02.1947, BA Koblenz, N 1788/9. Vgl. zur Evakuierung der Juden aus Buchenwald nach Theresienstadt im April 1945 Greiser, Katrin: Die Todesmärsche von Buchenwald. Räumung, Befreiung und Spuren der Erinnerung, Göttingen 2008 (zugl.: Lüneburg, Univ., Diss., 2006), hier besonders S. 55–57.

183 Vgl. Kogon 2006, S. 356.

zureichenden Unterlagen mehr besaßen. [...] Auschwitzer Schlächter, die mit anwesend waren, gingen im Kleinen Lager, Zigaretten rauchend, mit Knüppeln herum und holten sich heraus, was ihnen paßte."[184]

Gemeinsam mit den aus dem Außenlager Ohrdruf nach Buchenwald überstellten ungarischen Juden wurden insgesamt 6.000 jüdische Häftlinge von der SS in einer Halle der Deutschen Ausrüstungswerke zusammengetrieben.[185] Am 6. April gab der Reichsführer SS den Befehl, das Lager zu evakuieren.[186] Schon am Folgetag begann die Evakuierung: Ziele waren das Ghetto Theresienstadt sowie die Konzentrationslager Dachau und Flossenbürg. Teils per Bahn, meist zu Fuß, unzureichend bekleidet und kaum mit Nahrungsmitteln versorgt gingen die Häftlinge auf die sogenannten Todesmärsche bzw. Todestransporte.[187] Harry Stein resümiert: „Wahrscheinlich starb etwa jeder Dritte von ihnen unterwegs und unmittelbar nach der Ankunft an Entkräftung oder wurde von den SS-Begleitmannschaften erschossen."[188] Bender gibt den Evakuierungsbefehl beschönigend zu Protokoll:

> „Die in einer D.A.W. (Deutsche Ausruestungswerke) Halle befindlichen Haeftlinge sollen per Eisenbahn in D-Zug Wagen nach Theresienstadt ueberfuehrt werden. Es ist nicht moeglich, den gesamten erforderlichen Transportraum als Ganzes zum Bahnhof Buchenwald zu bringen. Es ist daher vorgesehen, dass die Marschfaehigen Haeftlinge zu Fuss zum Bahnhof Weimar gehen waehrend die Gehbehinderten direkt von Buchenwald aus fahren sollten [...]. Mit Hilfe einiger der betreffenden Haeftlinge als Dolmetscher und Ordner liess ich in der Halle den Haeftlingen meinen Auftrag bekannt geben. Daraufhin erfolgte alles Weitere in bester Ordnung voellig reibungslos: Die Haeftlinge verliessen hintereinander in einer Reihe die Halle, die sich nicht fuer Marschfaehig hielten, meldeten sich bei mir und wenn ich dann auf einer Beobachtungsstrecke von ca 20 m einen ernsthaft

---

184 Ebd.

185 Vgl. ebd.; Stein 1999, S. 227.

186 Vgl. Stein 1999, S. 227.

187 Vgl. ebd., S. 229.

188 Ebd., S. 231.

Gehbehinderten entdeckte, schickte ich ihn zu der Gruppe der Gehbehinderten. [...] Was weiter mit den Haeftlingen geschehen ist, entzieht sich
meiner Kenntnis."[189]

Natürlich wurden die Häftlinge nicht in D-Zug-Wagen, sondern in Viehwag-
gons nach Theresienstadt gebracht. Der Häftling Rudolf Kychler berichtet:
„Wir schliefen auf dem Fußboden des Bahnhofes in Weimar, den nächsten
Tag um 4 Uhr früh fuhren wir in Viehwaggons los."[190] Die Häftlinge kamen
in erbärmlichem Zustand, vollkommen ausgehungert in Theresienstadt an,
viele wurden bereits bei der Ankunft tot in den Waggons aufgefunden. Dr.
Karl Hönig schreibt zur Ankunft eines Transports aus Buchenwald in sein
Tagebuch: „Es kam ein Transport von etwa 2500 Leuten in verwahrlostem
Zustand in offenen Waggons an, 5 Wochen unterwegs, sie brachten etwa
120 Tote, die übrigen hatten sie unterwegs aus dem Zug geworfen."[191]

Was die Beurteilung der (Mit-)Schuld Benders an den Transporten
nichtarbeitsfähiger Häftlinge in Außenkommandos und an den Vernichtungstransporten angeht, so ergibt sich aus Zeugenaussagen von Häftlingen
ein eher gemischtes Bild. Besonders Benders „Mitarbeiter", die Funktionshäftlinge im Häftlingskrankenbau, wissen ausschließlich Positives zu be-
richten; ihre Aussagen sind notwendigerweise mit einer gewissen kritischen
Distanz zu lesen – auch angesichts ihrer Sonderstellung als Funktionshäftlinge im Lager[192]: Karl Huber nennt Bender einen „weiße[n] Raben' unter

---

189 Vernehmung von August Bender durch Albert B. Westerweel am 28.02.1947, BA Koblenz, N
1788/9.

190 Rudolf Kychler zit. n. Stein 1999, S. 231 f.

191 Tagebuch des Karl Hönig, zit. n. Poloncarz, Marek: Die Evakuierungstransporte nach Theresienstadt (April–Mai 1945), in: Theresienstädter Studien und Dokumente 6 (1999), S. 242–262, hier S.
259.

192 Die Rollen von Täter und Opfer verschwammen hier vielfach. Vgl. dazu Orth, Karin: Gab es eine
Lagergesellschaft? „Kriminelle" und politische Häftlinge im Konzentrationslager, in: Frei, Norbert u. a.
(Hrsg.): Ausbeutung, Vernichtung, Öffentlichkeit. Neue Studien zur nationalsozialistischen Lagerpoli-
litik (= Darstellungen und Quellen zur Geschichte von Auschwitz 4), München 2000, S. 109–133.
Vgl. zur Problematik von Zeugenaussagen ehemaliger Häftlinge außerdem Schacht, Klaus: Probleme
bei der Beurteilung von Zeugenaussagen in Verfahren wegen NS-Verbrechen, in: Justizministerium des
Landes Nordrhein-Westfalen (Hrsg.): Die Zentralstellen zur Verfolgung nationalsozialistischer Gewaltverbrechen – Versuch einer Bilanz (= Juristische Zeitgeschichte NRW 9), Düsseldorf 2001, S. 63–71.

den SS-Leuten", sein Verhalten „in menschlicher Sicht eine Ausnahme in positiver Hinsicht"[193]: Wenn er bei Transportuntersuchungen Krankheit oder körperliche Schwäche festgestellt habe, habe er die entsprechenden Häftlinge sofort zur Behandlung an die Häftlingsärzte verwiesen „und bei Körperschwäche mehrtägige, ja mehrwöchentliche Schonung, als Arbeitsbefreiung angeordnet. Selbst ganze zurückkommende Außenkommandos hat er in Quarantäne verlegt, was vor ihm nie ein SS-Lagerarzt tat."[194] Einmal habe Bender den Auftrag gehabt, über 680 polnisch-jüdische Kinder im Alter von 3 bis 14 Jahren für einen Transport zu untersuchen.[195] Huber habe Bender darauf aufmerksam gemacht, dass die Kinder vermutlich ermordet würden: „Dr. Bender wehrte sich gegen diese Vermutung und nur mit seiner Hilfe war es möglich, daß von den 680 nur 60 Kinder auf den Transport kamen."[196] Auch Dr. Ludwig Weissbecker sagte aus, Bender habe jeden kranken Häftling sofort an die Häftlingsärzte überwiesen und „verließ sich dabei völlig auf die Beurteilung durch die Häftlingsärzte, also die im Revier tätigen Häftlinge, die Ärzte, zum Teil sehr prominente Hochschullehrer waren."[197] Weissbecker nennt Bender „ausserordentlich menschlich, großzügig und kollegial" und „über die dortigen Zustände verzweifelt" – es habe von ihm „den Häftlingen gegenüber niemals ein böses Wort [gegeben], sondern immer nur Worte des menschlichen Verständnisses."[198] Auch seien Bender die falschen Diagnosen der Häftlingsärzte zur Rückstellung von Häftlingen bekannt gewesen, was er stets unterstützt habe, „obwohl er sich der Gefahr, in die er sich im Interesse der Häftlinge begab, voll

---

193 Vernehmung von Karl Huber durch Staatsanwalt Dr. Korsch am 15.02.1965, LA NRW, Rep. 118 Nr. 2.

194 Schreiben von Karl Huber an den Leiter der Zentralstelle im Lande Nordrhein-Westfalen für die Bearbeitung von nationalsozialistischen Massenverbrechen in Konzentrationslagern bei dem Leitenden Oberstaatsanwalt in Köln vom 03.02.1964, LA NRW, Rep. 118 Nr. 2.

195 Vgl. Aussage Karl Huber bei der Staatsanwaltschaft Köln [ohne Datum], LA NRW, Rep. 118 Nr. 2.

196 Ebd.

197 Schreiben von Ludwig Weissbecker an den Leiter der Zentralstelle im Lande Nordrhein-Westfalen für die Bearbeitung von nationalsozialistischen Massenverbrechen in Konzentrationslagern bei dem Leitenden Oberstaatsanwalt in Köln vom 04.02.1964, LA NRW, Rep. 118 Nr. 2.

198 Ebd.

bewusst war."[199] Der Häftling Heinrich Suderland sagte aus, Bender habe „den Häftlingen gegenüber eine gute Einstellung" gehabt und habe „nach Möglichkeit für diese Einsätze auch körperlich kräftige Männer ausgesucht, bei denen anzunehmen war, daß sie diese Arbeiten auch ohne übermäßige gesundheitliche Schädigungen aushalten könnten."[200] Außerdem habe er seine Unzufriedenheit mit seiner Tätigkeit häufig bekundet und „daß er den Krieg für verloren halte und ähnlicher Art."[201] Er sei „ungeachtet seiner uns Häftlingen so verhassten Uniform [...] im Gegensatz zu den anderen SS Angehörigen stets Mensch und Arzt im wirklichen Sinne des Wortes geblieben"[202]. Der Franzose Dr. Victor Dupont bescheinigte Bender, sein Verhalten sei „stets menschlich gewesen", bei den Transportuntersuchungen habe er „eine möglichst große Anzahl der Gefangenen zu schützen" versucht.[203] Auch habe er vor der Zusammenstellung eines großen Vernichtungstransports gewarnt und kranke Häftlinge aufgefordert, sich arbeitsfähig zu melden.[204] Auch die Zeugen der Anklage im Buchenwald-Prozess Dr. Paul Denis und Dr. Jean Rousset bezeichneten Bender als den anständigsten SS-Arzt, der kranke Häftlinge stets vom Transport zurückgestellt habe (manchmal sogar ganze Transporte).[205] Dagegen warf ihm der Tscheche Richard Dvorak vor, viele nichtarbeitsfähige Häftlinge in Arbeitskommandos und mit der Kategorisierung „unbrauchbar" Schwache

---

199 Ebd.

200 Vernehmung von Heinrich Suderland durch Staatsanwalt Dr. Korsch am 24.06.1964, LA NRW, Rep. 118 Nr. 4.

201 Ebd.

202 Beglaubigte Abschrift eines Schreibens von Heinrich Suderland an Hildegard Bender vom 06.09.1947, LA NRW, NW 1081/4498.

203 Übersetzung eines beglaubigten Schreibens von Victor Dupont an Hildegard Bender vom 15.10.1947, BA Koblenz, N 1788/1. Das französische Original findet sich in der Entnazifizierungsakte, LA NRW, NW 1081/4498.

204 Vgl. ebd.

205 Vgl. Scherf 1987, S. 213; Aussage von Paul Denis beim Buchenwald-Prozess 1947, Prot. S. 624–626, ITS Bad Arolsen, 5.1; Aussage von Jean Rousset beim Buchenwald-Prozess 1947, Prot. S. 600–607, ITS Bad Arolsen, 5.1. Vgl. zu den Aussagen im Buchenwald-Prozess auch Deputy Judge Advocate's Office, 7708 War Crimes Group, European Command: United States vs. Josias Prinz zu Waldeck et al., Case No. 000-50-9. Review and Recommendations of the Deputy Judge Advocate for War Crimes, 15.11.1947, online: http://www.online.uni-marburg.de/icwc/dachau/000-050-0009.pdf [Zugriff: 01.03.2018], S. 40 f.

und Kranke auf Vernichtungstransporte nach Bergen-Belsen geschickt zu haben.[206] Paul Viard beschuldigte Bender im Buchenwald-Prozess, bei den Transportuntersuchungen ihm im Wege stehende Häftlinge geschlagen und weggestoßen und auch Leute in schlechtem Gesundheitszustand in Außenkommandos geschickt zu haben.[207] Dass Bender Häftlinge geschlagen haben soll, wurde von Heinrich Suderland und Ferdinand Römhild aber heftig dementiert.[208] Insgesamt scheinen die Aussagen des Dr. Louis Napoleon Gymnich und des tschechischen Häftlingsarztes Dr. Vitezslav Horn am ehesten zuzutreffen: Dr. Horn sagte aus, Bender sei zwar bei den Musterungen stets auf individuelle Wünsche der Häftlinge eingegangen und habe Krankheitsfälle auch an die Spezialisten unter den Häftlingsärzten überwiesen, er habe aber nichts Grundsätzliches gegen die Art und Weise der Untersuchungen, „this show only of naked bodies"[209], getan und die Prozedur stillschweigend akzeptiert. Auch habe er gewusst, welch schwere Arbeit in den Außenkommandos auf die Häftlinge zukam.[210] Dr. Gymnich gab zu Protokoll, Bender sei im Lager dafür bekannt gewesen,

> „daß er Häftlinge weder geschlagen noch unmittelbar getötet hat. Er hob sich in dieser Weise – äußerlich betrachtet – ‚wohltuend' von anderen SS-Offizieren ab. Seine Schuld dürfte vielmehr allgemeiner Natur sein. […] Dr. Bender hat […] an sogenannten Selektionen teilgenommen. Hierunter ist eine Art medizinischer Untersuchung von Häftlingen auf ihre Arbeitsfähigkeit hin zu verstehen, bevor sie in Nebenlager abgestellt werden. Die Untersuchung war aber medizinisch betrachtet eine reine Farce. Sie wurde nur ganz grobsichtig vorgenommen. Auf diese Weise hat Dr. Bender mittelbar den Tod von vielen Häftlingen verschuldet, da von ihm auch Arbeitsunfä-

---

206 Vgl. Statement Richard Dvorak aus 000-50-9 vom 23.04.1945, ITS Bad Arolsen, 1.1.5.0.

207 Vgl. Scherf 1987, S. 213; Aussage von Paul Viard beim Buchenwald-Prozess 1947, Prot. S. 1164 ff., ITS Bad Arolsen, 5.1.

208 Vgl. Scherf 1987, S. 214; Aussage von Heinrich Suderland beim Buchenwald-Prozess 1947, Prot. S. 2288, 2292 f., ITS Bad Arolsen, 5.1; Aussage von Ferdinand Römhild beim Buchenwald-Prozess 1947, Prot. S. 2685 f., ITS Bad Arolsen, 5.1.

209 Aussage von Vitezslav Horn beim Buchenwald-Prozess 1947, Prot. S. 671, ITS Bad Arolsen, 5.1.

210 Vgl. Scherf 1987, S. 212 f.; Aussage von Vitezslav Horn beim Buchenwald-Prozess 1947, Prot. S. 670 ff., ITS Bad Arolsen, 5.1.

hige, Schwache und Kranke in die Schwerarbeitslager Nordhausen – Dora und Ohrdruf überstellt wurden. Wie bekannt, war dort die Sterblichkeitsziffer ganz besonders hoch."[211]

3.4.2 Ankommende Häftlingstransporte, Totenscheine, Zahngoldraub, medizinische Versuche und hygienische Verhältnisse

Bereits seit Ende 1944 wurden die Konzentrationslager im Osten per Bahntransport in Güterwaggons oder in Todesmärschen zu Fuß nach Westen evakuiert. Nach der Räumung von Auschwitz und Groß-Rosen trafen ab Januar 1945 mehr als zehntausend vollkommen erschöpfte und ausgehungerte, zumeist jüdische Häftlinge in Buchenwald ein.[212] Die eintreffenden Güterwaggons waren bei der Ankunft in Buchenwald voll von Toten.[213] Durch die schnelle Verbreitung von ansteckenden Krankheiten kam es zu einem Massensterben, in dessen Folge in weniger als hundert Tagen etwa 5.200 Menschen ums Leben kamen.[214] Bender beschreibt die katastrophale Situation in seinen Memoiren: „Ein für 20 000 Insassen eingerichtetes KL. konnte unmöglich im Laufe der Zeit ca. 52 000 Personen aufnehmen und versorgen. Die Transporte waren 3 und 4 Wochen unterwegs […]: Tote, Sterbende, Verhungerte unheilbar krank, mit Ruhr und Typhus, Fleckfieber infiziert."[215] Sanitätsdienstgrad Friedrich Wilhelm warf Bender später vor, sich um die ankommenden Massentransporte nicht gekümmert und die Betreuung den Häftlingsärzten und -pflegern überlassen zu haben, obwohl dies seine Aufgabe gewesen sei:[216] „Er hat erst später erfahren, wieviel

---

211 Vernehmung von Louis Napoleon Gymnich durch Staatsanwalt Dr. Korsch am 04.02.1962, LA NRW, Rep. 118 Nr. 2.

212 Vgl. Stein 1999, S. 224.

213 Vgl. ebd.

214 Vgl. ebd., S. 226.

215 Memoiren August Bender: Abschnitt „K. L. Buchenwald" vom Dezember 1993, BA Koblenz, N 1788/4. Vgl. auch Benders Beschreibung der Evakuierungstransporte aus Auschwitz: Eidesstattliche Erklärung August Bender [Datum unleserlich], ITS Bad Arolsen, 1.1.5.0.

216 Vgl. Vernehmung von Friedrich Wilhelm durch Joseph Kirschbaum am 21.02.1947, LA NRW, Rep. 118 Nr. 2.

Tote dabei waren. Das wurde von den Häftlingen gemeldet."[217] Hätte sich
Bender gekümmert, seien außerdem überhaupt nicht derart viele Häftlinge
mit ansteckenden Krankheiten ins Lager gekommen.[218] Die Totenscheine
der auf den Transporten und sogar im Häftlingskrankenbau selbst verstorbenen Häftlinge habe Bender außerdem immer unterschrieben, ohne den Tod
ärztlich festzustellen und die Leichen auch nur anzuschauen:[219] „Es waren
mitunter an 100 bis 200 Todesscheine am Tage, die er in zwei- bis dreifacher
Ausfertigung unterschreiben mußte."[220] Das Prozedere habe so ausgesehen,
dass die Todesmeldungen zum Häftlingskrankenbau gekommen seien und
der Schreiber beim Standortarzt die Totenscheine geschrieben und dem
Lagerarzt zur Unterschrift vorgelegt habe. Nur bei jenen Häftlingen, die
eines unnatürlichen Todes gestorben seien, habe Bender eine Totenschau
vorgenommen, „weil da einer vom Gericht kam."[221] Im Falle von Verstorbenen bei Sammeltransporten sei nicht einmal eine wirkliche Todesursache
angegeben worden, sondern lediglich „auf dem Transport verstorben"[222].
Benders Vorgesetzter Schiedlausky sagte außerdem aus, bei den infolge der
medizinischen Versuche in Block 46 an Fleckfieber verstorbenen Häftlingen sei stets „eine verschleierte Todesursache angegeben [worden], etwa
Lungenentzündung, oder dergl. Der jeweils diensthabende SS-Lagerarzt
unterschrieb die Totenscheine, ohne eine Totenschau vorgenommen zu haben. Das bezieht sich auch auf Dr. Bender."[223] Bender spricht selbst von
drei Formularen und einem „kleine[n] vorgedruckte[n] Zettel"[224] für das
Krematorium, die von der Schreibstube im Häftlingskrankenbau vorbereitet
und ihm zur Unterschrift vorgelegt worden seien. Er habe alles blind unterschrieben und nur bei „offensichtlich unnatuerlichem Todesfall [...] die

---

217 Ebd.

218 Vgl. ebd.

219 Vgl. ebd.

220 Ebd.

221 Ebd.

222 Ebd.

223 Statement Gerhard Schiedlausky aus 000-50-9 [ohne Datum], LA NRW, Rep. 118 Nr. 2.

224 Eidesstattliche Erklärung August Bender [Datum unleserlich], ITS Bad Arolsen, 1.1.5.0.

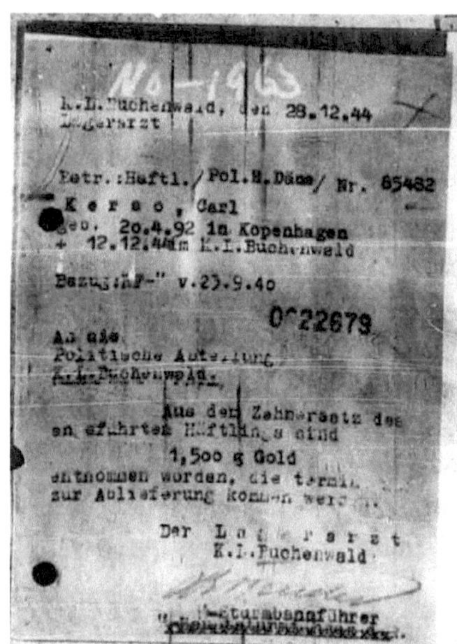

K.L. Buchenwald, den 28.12.44
Lagerarzt

Betr.:Häftl./Pol.H.Däne/ Nr. 65482
K e r s ö , Carl
geb. 20.4.92 in Kopenhagen
+ 12.12.44 im K.L.Buchenwald

Bezug:RF-" v.23.9.40

O 22679

An die
Politische Abteilung
K.L.Buchenwald.

Aus dem Zahnersatz des
angeführten Häftlings sind
1,500 g Gold
entnommen worden, die termin.
zur Ablieferung kommen werden.

Der L a g e r a r z t
K.L.Buchenwald

Sturmbannführer

Abb. 16: Zahngoldablieferungszettel, 28.12.1944.
Quelle: ITS Bad Arolsen, 1.1.5.0

Formulare zurueckbehalten, nicht unterschrieben und eine Klaerung der jeweiligen Todesursache veranlasst."[225] So findet sich Benders Unterschrift etwa auch auf einer Meldung vom 25. Februar 1945, dass 21 unbekannte Häftlinge vom Transport Groß-Rosen tot in Buchenwald angekommen seien.[226] Von plötzlicher Amnesie befallen sagte Bender 1967 makabrer Weise aus: „Ich habe niemals Totenscheine unterschrieben. Ich habe nach meiner Erinnerung nur Listen im Rahmen des Arbeitseinsatzes unterschrieben. Ich weiß nicht mehr, ob es sich dabei um Transport- oder Totenlisten gehandelt hat."[227] In seinen Memoiren erwähnt er zwar die Totenscheine nicht explizit, kommt aber auf die enorme Unterschriftenleistung zu sprechen: „Der Schriftverkehr war enorm. Römhild legte mir also die Schriftstücke hin, ich unterschrieb, ein anderer nahm sie weg. Ca. 1½ bis 2 Stunden täglich;

---

225 Ebd.

226 Vgl. Eintrag zu Seite 38, Lager Buchenwald, Lfd. Nr. 127 bis 147, ITS Bad Arolsen, 6.1.1.

227 Vernehmung von August Bender durch Staatsanwalt Dr. Korsch am 20.03.1967, LA NRW, Rep. 118 Nr. 2.

60

Abb. 17: Dr. Erwin Ding-Schuler (im weißen Kittel) neben Hans Theodor Schmidt (links) vor der Abt. für Fleckfieber- und Virusforschung des Hygiene-Instituts der Waffen-SS. Quelle: Dienst voor de Oorlogsslachtoffers, Brüssel, R 696, Ding, Bl. 13/Fotoarchiv Buchenwald, 265.011

hunderte Mal den Namen schreiben – St. Bürokratius. Hauptsache war der Name eines SS-Angehörigen."[228] So findet sich Benders Unterschrift auch auf fünf Zetteln vom 28. Dezember 1944, die die Entnahme von Zahngold an toten dänischen Häftlingen quittieren (siehe Abb. 16).[229] Bender wusste nach eigener Aussage vom systematischen Zahngoldraub[230] und betrachtete die Unterschrift wohl lediglich als lästige Bürokratie.

Auch von den medizinischen Versuchen im Lager wusste Bender. Ein Schreiben vom 3. Januar 1945 an SS-Sturmbannführer Dr. Carl Værnet bzgl. kürzlich operierter Häftlinge und bereitstehender Urinproben ist von ihm in Vertretung des Standortarztes unterzeichnet.[231] Der Däne

---

228 Memoiren August Bender: Abschnitt „K. L. Buchenwald" vom Dezember 1993, BA Koblenz, N 1788/4.

229 Vgl. Zahngoldablieferungszettel unterschrieben von August Bender vom 28.12.1944, ITS Bad Arolsen, 1.1.5.0.

230 Vgl. Vernehmung von August Bender durch Albert B. Westerweel am 28.02.1947, BA Koblenz, N 1788/9.

231 Vgl. Englische Übersetzung eines Schreibens des Standortarztes der Waffen-SS Weimar i. V. August Bender an SS-Sturmbannführer Dr. med. Vaernet, Prag vom 03.01.1945 [Beweismaterial ‚Rejuvena-

Abb. 18: Leichenstapel im Innenhof des Krematoriums, 14.04.1945
Quelle: United States Holocaust Memorial Museum, Washington, 04452

Carl Værnet erfand eine künstliche Hormondrüse zur „Behandlung" von Homosexualität und ließ diese mit Unterstützung Himmlers zu Versuchszwecken homosexuellen Häftlingen in Buchenwald implantieren.[232] Der ehemalige Häftling Marian Zgoda gibt außerdem an, Bender habe sich des Öfteren in der Fleckfieberversuchsstation aufgehalten, wenn er auch nicht wisse, ob und inwieweit Bender an Versuchen beteiligt gewesen ist.[233] Dass Bender an Menschenversuchen in Buchenwald beteiligt war, wird von Harry Stein ausgeschlossen; die SS habe sehr genau darauf geachtet, dass keiner in einem fremden Zuständigkeitsbereich arbeitete[234] – Kenntnis davon hatte er aber gewiss. Ein guter Bekannter von ihm war SS-Sturmbannführer Dr. Erwin Ding-Schuler, der in Buchenwald die Abteilung für Fleckfieber- und Virusforschung des Hygiene-Instituts

---

tion', Exhibit 5, D-20], ITS Bad Arolsen, 1.1.5.0.

232 Vgl. Davidsen-Nielsen, Hans u. a.: Carl Værnet. Der dänische SS-Arzt im KZ Buchenwald. Aus dem Dänischen von Kurt Krickler. Mit einem Vorwort von Günter Grau und einem ergänzenden Kapitel über Eugen Steinach von Florian Mildenberger, Wien 2004.

233 Vgl. Vernehmung von Marian Zgoda durch Kriminalobermeister Pittel am 16.06.1961, ITS Bad Arolsen, 5.1.

234 Vgl. Schweda 2012.

der Waffen-SS leitete und tödlich verlaufende Menschenversuche durchführte, um einen neuen Impfstoff gegen Fleckfieber zu entwickeln.[235] Auch über die katastrophalen hygienischen Verhältnisse im Lager, besonders in den letzten Kriegsmonaten, wusste Bender Bescheid. In seinen Memoiren schreibt er:

„Dazu die Leichen. Das Krematorium ausser Betrieb. Massengräber anlegen nicht möglich: Der Ettersberg hat konzentral geschichtetes Gestein. [...] Bei Besetzung des Lagers fanden die Amis drei quadratische Stapel mit je 5000 Leichen. [...] Und erst das Problem mit den Latrinen!“[236]

Während einer Lagerinspektion durch den Chef des SS-Wirtschafts-Verwaltungshauptamtes, SS-Obergruppenführer Oswald Pohl, und den Chef des Amtes D III, SS-Standartenführer Dr. Enno Lolling, hat Bender Pohl nach eigener Aussage gebeten, „die fuerchterlichen Verhaeltnisse in den Baracken sich anzusehen, worauf Gruppenfuehrer POHL mir nur Antwort gab, dass er sich nicht unter das Gesindel mische“[237].

235 Vgl. Memoiren August Bender: Abschnitt „Ding-Schuler“ vom Dezember 1993, BA Koblenz, N 1788/4.

236 Memoiren August Bender: Abschnitt „K. L. Buchenwald“ vom Dezember 1993, BA Koblenz, N 1788/4.

237 Eidesstattliche Erklärung August Bender [Datum unleserlich], ITS Bad Arolsen, 1.1.5.0. Vgl. auch Vernehmung von August Bender durch Albert B. Westerweel am 28.02.1947, BA Koblenz, N 1788/9.

3.4.3 Tauglichkeitsuntersuchung für die Prügelstrafe

Auf die Frage nach Benders Mitwirkung bei Prügelstrafen im KZ Buchenwald lässt sich keine mit letzter Sicherheit verifizierbare Antwort finden.
Die Aussagen von Zeugen und Bender selbst widersprechen sich hier. 1947
sagte Bender aus, er habe einmal den Auftrag gehabt, vier Häftlinge auf
Tauglichkeit für die Prügelstrafe hin zu untersuchen: „da ich aus ethischen
Gruenden die Pruegelstrafe ablehnte, habe ich obwohl die Haeftlinge nach
ihren eigenen Angaben und nach meinem Dafuerhalten im Stande gewesen
waeren die Pruegelstrafe zu ertragen [...], die Haeftlinge fuer untauglich
erklaert."[238] Bei der Durchführung der Prügelstrafe selbst sei er niemals
anwesend gewesen und habe auch keine Häftlinge im Anschluss an eine
Prügelstrafe zur Untersuchung vorgeführt bekommen.[239] 1945 hatte Bender
jedoch noch ausgesagt, er habe an acht Häftlingen Tauglichkeitsuntersuchungen für die Prügelstrafe vorgenommen und von diesen zwei für untauglich befunden.[240] Der Sanitätsdienstgrad Friedrich Wilhelm sagt 1947
aus, Bender und Schiedlausky hätten während ihrer Tätigkeit als Lagerarzt ständig Tauglichkeitsuntersuchungen für die Prügelstrafe durchführen
müssen und er sei persönlich bei einer solchen Tauglichkeitsuntersuchung
durch Bender anwesend gewesen.[241] Es habe drei Formulare gegeben, auf
denen gestanden habe, wie viele Schläge als Strafe verhängt werden sollten.
Der Arzt habe sich dann den verlängerten Rücken der Häftlinge angesehen
und entschieden, ob der Betreffende die Schläge aushalten könne. Nach
der Entscheidung des Lagerarztes seien die Formulare nach Berlin geschickt
worden.[242] Wie Wilhelm aussagte, habe Bender bei den Tauglichkeitsuntersuchungen keinen der Häftlinge für untauglich befunden und damit vor

---

238 Vernehmung von August Bender durch Albert B. Westerweel am 28.02.1947, BA Koblenz, N
1788/9.

239 Vgl. ebd.

240 Vgl. Vernehmung von August Bender am 14.07.1945, zit. n. Scherf 1987, S. 213.

241 Vgl. Vernehmung von Friedrich Wilhelm durch Joseph Kirschbaum am 21.02.1947, LA NRW,
Rep. 118 Nr. 2.

242 Vgl. ebd. Dazu auch Kogon 2006, S. 128 f.

dem Strafvollzug gerettet.[243] Dem steht die Aussage des ehemaligen Häftlings Peter Behr gegenüber, der 1963 zu Protokoll gab, Bender habe ihn persönlich „einige Male von der Durchführung der Bestrafung geschützt. Er schrieb, daß ich die Schläge nicht vertragen könnte. Mir ist bekannt, daß er auch andere Häftlinge vor der Ausführung der Strafe schützte."[244]

<hr>

243 Vgl. Vernehmung von Friedrich Wilhelm durch Joseph Kirschbaum am 21.02.1947, LA NRW, Rep. 118 Nr. 2.
244 Vernehmung von Peter Behr auf dem Polizeiamt Diez/Lahn am 27.04.1963, LA NRW, Rep. 118 Nr. 4.

3.4.4 Anwesenheit bei Exekutionen

Auch auf die Frage nach der Teilnahme Benders an Exekutionen finden sich in den überlieferten Unterlagen widersprüchliche Angaben. Bei den im Lager durchgeführten Exekutionen musste immer auch ein Arzt anwesend sein, um den Tod festzustellen.[245] Die Exekutionen durch Hängen fanden im Hof und im Keller des Krematoriums innerhalb des Lagers statt;[246] jene durch Erschießen durch das „Kommando 99"– vor allem Hinrichtungen sowjetischer Kriegsgefangener – im Pferdestall der SS außerhalb des Lagerbereichs[247]. 1945 räumte Bender seine Anwesenheit bei zwei Exekutionen ein[248]; 1947 bestritt er sie gänzlich und gab an, er sei niemals zu einer Exekution hinzugezogen worden[249]. 1967 sagte er dagegen aus:

> „Ich war einmal bei einer Exekution durch Erschießen im Kommandanturgelände als Arzt zugegen. Es wurde ein ehemaliger Polizeibeamter hingerichtet, der verurteilt worden war wegen schweren Diebstahls unter Ausnutzung der Verdunkelung. Ich habe den Tod festgestellt und den Totenschein unterschrieben. Im übrigen bin ich bei keiner Exekution von Häftlingen zugegen gewesen."[250]

Dass Bender bestens über die Exekutionen unterrichtet war und regelmäßig an Hinrichtungen durch Erschießen und Erhängen teilnahm, belegen seine Memoiren, die die Tötung, wenn sie denn „sauber" durchführt wurde, als etwas völlig Normales darstellen:

---

245 Vgl. Kogon 2006, S. 184.

246 Vgl. ebd.; Stein 1999, S. 191; Statement Gerhard Schiedlausky aus 000-50-9 [ohne Datum], LA NRW, Rep. 118 Nr. 2.

247 Vgl. Kogon 2006, S. 187 f. 1970 wurde Bender explizit zu Massenexekutionen sowjetischer Kriegsgefangener in Buchenwald auf den sogenannten Kommissarbefehl und Kugelerlass durch das „Kommando 99" befragt; er gab hier an, er habe erst im Buchenwald-Prozess von diesen Dingen erfahren und sei überhaupt niemals bei einer Exekution zugegen gewesen (vgl. Vernehmung von August Bender durch Kriminalhauptmeister Hinkelmann am 16.03.1970, BA Ludwigsburg, B 162/4542, Teilverfahren E 1).

248 Vgl. Vernehmung von August Bender am 14.07.1945, zit. n. Scherf 1987, S. 213.

249 Vgl. Vernehmung von August Bender durch Albert B. Westerweel am 28.02.1947, BA Koblenz, N 1788/9.

250 Vernehmung von August Bender durch Staatsanwalt Dr. Korsch am 20.03.1967, LA NRW, Rep. 118 Nr. 2.

Abb. 19: Hinrichtung von zwanzig KZ-Häftlingen in Buchenwald, 1942.
Quelle: United States Holocaust Memorial Museum, Washington, 65352

„Kurze Gerichtsverhandlung, ab nach Buchenwald: Uniformierte zum Erschiessen, alles andere zum Hängen. Das Erschiessen hatte man dort nicht gerne. Es machte zu viel Aufsehen und Lärm. [...] Wehe, wenn so einige alte Wehrmachtreservisten, die Posten standen, dazu befohlen wurden! Keiner wollte es gewesen [sein], und so gab es nur Verletzungen oder auch gar nichts. Für den armen Kerl am Pfahl eine Qual. Er wurde dann vom Kommando Führer durch Genickschuss erlöst. [...] In Buchenwald hatte man einen Raum mit Haken in etwa 2 m Höhe. Vorgang: Ein möglichst dünner Strick um den Hals, oben eine Öse, diese in den Haken, ein Ruck, der Tod trat auf der Stelle ein.“[251]

---

251 Memoiren August Bender: Abschnitt „K. L. Buchenwald“ vom Dezember 1993, BA Koblenz, N 1788/4.

Auch bei der Erschießung des ehemaligen Lagerkommandanten Karl Otto Koch am 5. April 1945 war Bender anwesend:

„Da der Lagerkommandant Pister in den Tagen in Berlin weilte (wegen der Situation des Lagers) lag die Verantwortung bei meinem Freund Hans [Schmidt] [...]. Also: Koch an den Pfahl, [Wolfgang] Otto liess seine neun Mann antreten, Feuer, wie üblich [...] ein Schuss in die Stirn. Letzte Worte von Koch: ‚Jungens, schiesst gut.‘ Schneid hatte er. – Ausstellung des Totenscheins. Affäre Koch beendet.“252

3.4.5 Verhältnis zu den Funktionshäftlingen im Häftlingskrankenbau: Anekdoten aus den Memoiren

Glaubt man den Memoiren und wirft zusätzlich einen Blick auf die zahlreichen Persilscheine ehemaliger Kapos, scheint es, als habe Bender zu den Funktionshäftlingen im Häftlingskrankenbau ein geradezu freundschaftlich-kollegiales Verhältnis gepflegt. So erzählt Bender von der Einladung seiner „Mitarbeiter“ zu einem Festessen mit Beigeschmack Weihnachten 1944:

„Es gab Kartoffeln, Rosenkohl und für meinen Geschmack leckeren Kalbsbraten. Woher sie das mal wieder ‚organisiert‘ hatten, weiss ich nicht. Jedenfalls schmeckte es vorzüglich, besonders das Fleisch. Und da sagte man mir ganz treu und brav: Das war die Aste [?] – ein grosser Dobermann. – Die Jungens hielten für solche Gelage – streng geheim – einige Hunde auf Vorrat.“253

Auch von den berüchtigten Schrumpfköpfen von Buchenwald wusste Bender. Sie hätten von zwei hingerichteten polnischen Verbrechern und Mördern gestammt und seien von dem Häftlingsarzt Dr. Kurt Sitte in der Pathologie hergestellt worden; eines Tages habe Sitte Bender einen zum Geschenk angeboten:

---

252 Memoiren August Bender: Abschnitt „Koch und Koch, Ilse“ vom Dezember 1993, BA Koblenz, N 1788/4.

253 Memoiren August Bender: Abschnitt „K. L. Buchenwald“ vom Dezember 1993, BA Koblenz, N 1788/4.

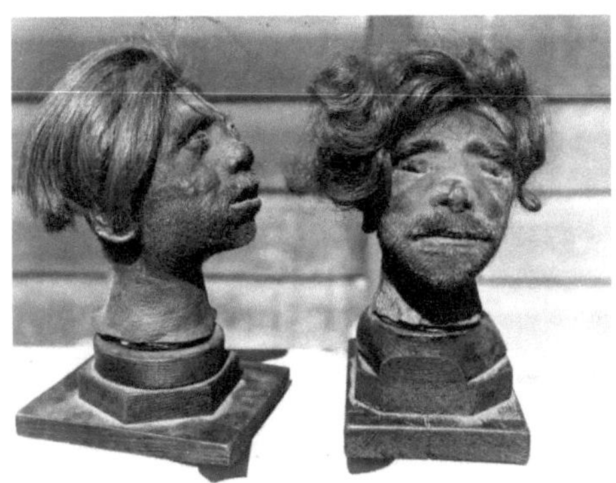

*Abb. 20: Schrumpfköpfe als Beweismittel im Buchenwald-Hauptprozess, 1947.
Quelle: ITS Bad Arolsen/Fotoarchiv Buchenwald, 325.024*

„Ich lehnte ab; was sollte ich mit solch einem Schreckgespenst in der Wohnung? Auch wenn das Gebilde nach seinen Angaben auf Grund der Art der Herstellung nach Original südamerikanischer Indianer Methode äusserst wertvoll und mit Geld kaum bezahlbar war."[254]

Es folgt die Beschreibung eines „Rezepts" zur Herstellung von Schrumpfköpfen mit heißem Sand, wie es Bender von Sitte erklärt worden sei. Weiter erzählt Bender von seinem „Haupt-Body-Gard"[255] aus dem illegalen Häftlingskomitee, dem niederländischen Marineoffizier Pieter Cool:[256]

„Er war ca. 190 cm gross, Figur wie ein Geldschrank. Ständig stand oder ging er hinter mir. Ihm entging keine Bewegung. Und er musste auch einige Male tätig werden. Einmal wollte mich ein Halbverrückter anspringen. Peter fing ihn ab, hob ihn hoch und warf ihn einfach wie einen Ball hoch im Bogen zur Seite. Damit war die Sache erledigt und für weitere Interessenten eine Warnung. Natürlich machte ich keine Anzeige; dies hätte üble Folgen gehabt."[257]

---

254 Ebd.

255 Memoiren August Bender: Abschnitt „Cool, Peter" vom Dezember 1993, BA Koblenz, N 1788/4.

256 Gelegentlich in der falschen Schreibweise „Peter Cool" oder „Piet Cole".

257 Ebd.

Cool habe Bender kurz vor der Befreiung des Lagers außerdem folgenden Vorschlag gemacht:

„Das Häftlingskomitee habe einstimmig beschlossen mich zum Lagerkommandanten zu ernennen. Wenn in den nächsten Tagen der Lagerkommandant Pister mit der Kommandantur abrücke, müsse es, um ein Chaos zu vermeiden, weiterhin eine Führung geben die dann das Lager ordnungsgemäss den Amerikanern übergeben sollte. Das Komitee würde sich mir unterstellen. Sie würden für meine Sicherheit und die meiner Familie haften. Als ich ihn darauf aufmerksam machte, das sehe nach Fahnenflucht aus, sah er es sofort ein. [...] Später erfuhr ich, das[s] nach der Räumung sofort ein Häftlingskommando zu meinem Haus in Klein-Obringen gefahren ist, um es und meine Angehörigen (die abgereist waren) zu schützen. Von Peter habe ich nichts mehr gehört. So wäre ich beinahe als letzter Lagerkommandant des KL-Buchenwald in die Geschichte eingegangen.“[258]

Inwiefern die Details von Benders selbstgefälliger Beschreibung stimmen, muss dahin gestellt bleiben.[259] Der Kapo Heinrich Suderland bestätigt 1947 aber, dass Bender

eine Reihe von angesehenen Häftlingen kurz vor dem Einmarsch der Amerikaner in Buchenwald [...] nahegelegt haben, bis zur Befreiung des Lagers Buchenwald unter den Häftlingen zu bleiben mit dem gleichzeitigen Versprechen, sich bei den Amerikanern für [... ihn] einzusetzen und darum zu bitten, daß ihm nichts geschehe.“[260]

Und auch der ehemalige Häftlingsarzt Ludwig Weissbecker gab 1947 eine eidesstattliche Erklärung ab, in der er versicherte:

„Peter Cool, wie auch der Kapo des Wechselbades, Suderland, wie auch ich baten Dr. Bender in den letzten Tagen der SS Herrschaft, das Lager nicht

---

258 Ebd.

259 Vgl. zur Rolle Pieter Cools im Vorfeld der Befreiung des Lagers Kogon 2006, S. 357; Stein 1999, S. 227.

260 Beglaubigte Abschrift eines Briefes von Heinrich Suderland an Hildegard Bender vom 06.09.1947, LA NRW, NW 1081/4498.

mehr zu verlassen und mit uns die Ankunft der Amerikanischen Truppen ab-
zuwarten. Wir hatten vor, nach Ankunft der Amerikaner Dr. Bender wegen
seines einwandfreien Verhaltens zu rehabilitieren zu versuchen.“[261]

261 Beglaubigte Abschrift der Eidesstattlichen Erklärung von Ludwig Weissbecker vom 24.12.1947, LA NRW, NW 1081/4498. Vgl. auch Schreiben von Ludwig Weissbecker an den Leiter der Zentralstelle im Lande Nordrhein-Westfalen für die Bearbeitung von nationalsozialistischen Massenverbrechen in Konzentrationslagern bei dem Leitenden Oberstaatsanwalt in Köln vom 04.02.1964, LA NRW, Rep. 118 Nr. 2.

4. Der „Zusammenbruch" und die ersten Nachkriegsjahre

4.1 Flucht und Internierung

Am 11. April 1945 räumten die SS-Mannschaften und verbliebenen Kommandanturangehörigen das Konzentrationslager. Das Artilleriefeuer der US-Amerikaner rückte immer näher, um 10.15 Uhr gab es Flieger-alarm.[262] Um 12.10 Uhr die letzte Lautsprecherdurchsage der SS: „Sämt-liche SS-Angehörige sofort aus dem Lager!"[263] Bender trat seinen Rück-zug in die sogenannte Alpenfestung an.[264] Er setzte sich gemeinsam mit anderen Kommandanturangehörigen über Jena, Gera, Zeitz und Hof nach Flossenbürg ab, wo er am folgenden Tag eintraf. Von Flossenbürg flüchtete er am 16. April über Cham, Landshut und Freising nach Da-chau. Am 28. April verließ Bender Dachau per Motorrad über Starnberg und Königsdorf in Richtung Bad Tölz. Am 29. April erreichte er über Mittenwald, Seefeld und Telfs das Ötztal. Über Innsbruck, Wörgl und St. Johann in Tirol flüchtete er weiter nach St. Ulrich am Pillersee.

Im Pinzgau traf Bender kurz vor Kriegsende noch auf hochrangige NS-Funktionäre und war für den „Sonderstab Paul Hausser"[265] tätig, der für „Ordnung" in der „Alpenfestung" sorgen sollte. Die Alpenregion war zu dem Zeitpunkt ein Sammelbecken flüchtender und plündernder Na-ziführer.[266] In einem Brief an den Geschäftsführer der Truppenkamerad-schaft der SS-Totenkopfdivision Ulrich Hammer erinnert sich Bender:

---

262 Vgl. Der 11. April 1945, in: Hackett, David A. (Hrsg.): Der Buchenwald-Report. Bericht über das Konzentrationslager Buchenwald bei Weimar, München 1996, S. 375–377, hier S. 375.

263 Durchsage des Rapportführers Hofschulte, zit. n. ebd.

264 Vgl. zu den Stationen der Flucht und Inhaftierung: Handschriftliche Aufzeichnungen von August Bender über die Stationen der Flucht und Internierung nach der Räumung Buchenwalds [undatiert; 1993?], BA Koblenz, N 1788/1; Handschriftliche Aufzeichnungen von August Bender über die Statio-nen der Internierung, die Haft in Dachau, die Vernehmungen, den Buchenwald-Prozess und die Haft in Landsberg [undatiert; 1947?], BA Koblenz, N 1788/6.

265 Vgl. dazu auch eine Notiz bei Krüger, Charlotte: Mein Großvater, der Fälscher. Eine Spurensuche in der NS-Zeit, München 2015, S. 304.

266 Vgl. ebd.; Leo, Rudolf: Der Nationalsozialismus im Pinzgau (Land Salzburg) 1930 bis 1945. – Widerstand und Verfolgung. Diktatur in der Provinz, Wien, Univ., Diss., 2012, online: http://othes. univie.ac.at/23576/ [Zugriff: 01.03.2018], besonders S. 234–245.

„Kurz vor Kriegsende war ich – wenn meine Erinnerung mich nicht täuscht – u. a. im Schloss Mittersill. Dort war wohl das Hauptamt (oder Teile davon) tätig. Es gab dort neue Ausweise und sonstigen Papierkram. Ich sollte mich im Pinzgau (?) umsehen. Auch mal im Ötztal (?). [...] Mein Auftraggeber war zu dieser Zeit Fürst Waldeck, der mich seit 1939 kannte und der anscheinend nach zuverlässigen Leuten Ausschau hielt. Er nahm mich dann eines Tages mit zu einem abgelegenen Haus an einem Berghang. Es war meiner Erinnerung nach mehr als eine Jagdhütte, aber in solchem Stil gehalten. Dort trafen wir mit Hauser [sic!] zusammen. [...] Es fanden sich dann noch andere Kameraden ein. Zweck der Sache: Hohe Wehrmachts und Parteiherren behinderten mit ihren voll gepackten Fahrzeugen (L.K.W und P.K.W.) – meist in Damenbegleitung – die Kampftruppen. Hier sollte nun für Ordnung gesorgt werden.“[267]

Im Rahmen dieser „Ordnungsmaßnahmen“ erhielt Bender auch den Auftrag, nach einem Transport sogenannter Austauschjuden[268] Ausschau zu halten. Erschreckend liest sich die Schilderung seiner Ankunft in Zell am See: „2 D-Züge mit Juden. Standen dort seit Wochen. Schaurige Verhältnisse. Sollten ausgetauscht werden. Ich wurde mit Vollmachten dorthin geschickt und sollte für Ordnung sorgen. Jeder Versuch wäre von vorneherein sinnlos gewesen. Einfach freilassen? Was hätte sich dann abgespielt? Die Anwohner in den Ortschaften?“[269] In Hollersbach bei Mittersill geriet Bender schließlich am 6. Mai 1945 in amerikanische Gefangenschaft. Wie Bender selbst schildert, konnte er sich jedoch zunächst weiter frei bewegen.[270] Am 23. Mai 1945 brachten

---

267 Durchschlag eines Schreibens von August Bender an Ulrich Hammer vom 25.06.1984, BA Koblenz, N 1788/2. Vgl. auch Handschriftliche Aufzeichnungen von August Bender über die Stationen der Flucht und Internierung nach der Räumung Buchenwalds [undatiert; 1993?], BA Koblenz, N 1788/1; Memoiren August Bender: Abschnitt „Waldeck“ vom Dezember 1993, BA Koblenz, N 1788/4.

268 Vgl. dazu Ammann, Thomas/Aust, Stefan: Hitlers Menschenhändler: Das Schicksal der „Austauschjuden“, Berlin 2013. Vgl. auch Richardi, Hans-Günter: SS-Geiseln in der Alpenfestung. Die Verschleppung prominenter KZ-Häftlinge aus Deutschland nach Südtirol, Bozen 2015.

269 Handschriftliche Aufzeichnungen von August Bender über die Stationen der Flucht und Internierung nach der Räumung Buchenwalds [undatiert; 1993?], BA Koblenz, N 1788/1.

270 Vgl. ebd.

die Amerikaner ihn über den Pass Thurn, Kitzbühel und Kufstein nach Froschkern in Oberbayern, am 1. Juni schließlich zum Internierungslager Ludwigsburg (Civilian Internment Enclosure, C.I.E. 71). Von dort aus gelangte er über Fürstenfeldbruck (4. Juni 1945) ins C.I.E. 317 Augsburg (7. Juni 1945); vom Interrogation Camp der 3. US-Armee in Freising (17. Juni 1945) ins Kriegsgefangenenlager Bad Aibling, PWE 26 (8. August 1945). Wieder über Freising (14. September 1945) wurde Bender in der Nacht des 17. September gemeinsam mit Otto Barnewald, Hans Merbach, Joachim Peiper, Gerhard Schiedlausky, Hans Schmidt, Max Schobert und Albert Schwartz, von denen er einige bereits aus Buchenwald persönlich kannte, in das US Army Group Interrogation Center Oberursel gebracht.[271] Über das C.I.E. 71 Ludwigsburg (4. Oktober 1945) gelangte er schließlich am 2. November 1945 ins Sonderlager Dachau (War Crimes Cage, C.I.E. 29)[272], wo er unter der Häftlingsnummer 29-2812[273] bis zur Verurteilung im Buchenwald-Prozess verblieb. Am 9. Juli 1946 wurde er aus dem Status eines Kriegsgefangenen in den eines Internierten überführt, da er SS-Angehöriger gewesen war; am 1. August 1946 erhielt er die erste Schreiberlaubnis.[274] Ab dem 18. November 1946 durfte Bender in Haft wieder als Arzt tätig werden – nach eigener Angabe gemeinsam mit dem ehemaligen Kommandeur des SS-San.-Ers.-Btl. in Stettin, Dr. Horst Bestvater, und dem ehemaligen SS-Oberführer und Generalarzt der Polizei Dr. Kurt Hoffmann.[275] Am 8. Februar 1947 kam Bender in Einzelhaft in Bunker II, vom 13. bis 21. Mai

---

271 Vgl. Memorandum der War Crimes Branch beim Deputy Theater Judge Advocate's Office bzgl. in Haft genommener Personen nach Meldung von Major Silliman, MIS vom 18.09.1945, ITS Bad Arolsen, 1.1.26.7.

272 Vgl. Handschriftliche Aufzeichnungen von August Bender über die Stationen der Internierung, die Haft in Dachau, die Vernehmungen, den Buchenwald-Prozess und die Haft in Landsberg [undatiert; 1947?], BA Koblenz, N 1788/6.

273 Vgl. Accused Identification Sheet August Bender vom 10.04.1947, NARA RG 549, WCPL, Box 6, August Bender.

274 Vgl. Handschriftliche Aufzeichnungen von August Bender über die Stationen der Internierung, die Haft in Dachau, die Vernehmungen, den Buchenwald-Prozess und die Haft in Landsberg [undatiert; 1947?], BA Koblenz, N 1788/6.

275 Vgl. ebd.

1947 teilte er sich eine Zelle mit Dr. Edwin Katzen Ellenbogen[276], einem ehemaligen Häftlingsarzt aus Buchenwald.[277] Danach wurde er in eine Zelle mit dem ehemaligen SS-Oberscharführer Anton Bergmeier, Arrestaufseher im Bunker des KZ Buchenwald, verlegt.[278] In der Haft machte Bender sich augenscheinlich wenig Sorgen um eine Verurteilung und schwärmte stattdessen von einer heilen Welt; seinen Angehörigen schrieb er am 22. April 1947:

„Ich soll zwar tausende getötet und noch mehr in sadistischer Weise misshandelt haben – na, Papier ist halt geduldig. Ich auch. Warten wir weiterhin in Ruhe ab, wer zuletzt lachen wird. […] Nur so viel: Meine Erwartungen trafen bisher voll und ganz zu; meine besten Zeugen beschaffte bisher die – Staatsanwaltschaft. Es ist zu nett! […] Eben hörte ich irgendwo einen Kuckuck rufen. Da scheint es wohl allmählich Frühling zu werden? Jetzt unseren Garten bearbeiten können! Das entbehre ich nun schon Jahre lang; verwendet meine bewährten Methoden und Rezepte; er wird es Euch lohnen. Vergesst den Kalk nicht! Unbedingt erforderlich! Pflanzt Hagebutten als Hecke!“[279]

---

276 Häufig findet sich auch die fälschliche Schreibweise „Katzenellenbogen" oder „Katzen-Ellenbogen". Die US-War Crimes Group weist aber auf den korrekten Namen „Edwin Katzen Ellenbogen" hin, wobei nur „Ellenbogen" für den Nachnamen gehalten wird; vgl. Deputy Judge Advocate's Office, 7708 War Crimes Group, European Command: United States vs. Josias Prinz zu Waldeck et al., Case No. 000-50-9. Review and Recommendations of the Deputy Judge Advocate for War Crimes, 15.11.1947, online: http://www.online.uni-marburg.de/icwc/dachau/000-050-0009.pdf [Zugriff: 01.03.2018], S. 2.

277 Vgl. Handschriftliche Aufzeichnungen von August Bender über die Stationen der Internierung, die Haft in Dachau, die Vernehmungen, den Buchenwald-Prozess und die Haft in Landsberg [undatiert; 1947?], BA Koblenz, N 1788/6.

278 Vgl. ebd.

279 Brief Nr. 12 von August Bender an Familie Bender/Kreuzau vom 22.04.1947, BA Koblenz, N 1788/3.

4.2 Angeklagter im Dachauer Buchenwald-Hauptprozess

Nachdem es im Vorfeld viele Komplikationen – besonders um die Frage einer Involvierung der Sowjetunion – gegeben hatte, autorisierte der Chefermittler der US-Armee Colonel Claude B. Mickelwait im Dezember 1946 die War Crimes Branch, den Buchenwald-Prozess in die Wege zu leiten.[280] Es folgten Vernehmungen Benders u. a. über die Untersuchungen auf Arbeits- und Transportfähigkeit, die Verantwortung für die Transporte nach Bergen-Belsen und die Evakuierungstransporte sowie die von Bender unterschriebenen Zahngoldquittungen. Vernehmende Ermittler waren u. a. Joseph Kirschbaum und Albert B. Westerweel.[281] Am 7. März 1947 erhielt Bender die Anklageschrift im Dachauer Buchenwald-Hauptprozess (Nr. 000-50-9), dessen Original sich heute in Benders Nachlass im Bundesarchiv Koblenz befindet.[282] Die Anklage lautete auf „Verletzung der Gesetze und Gebraeuche des Krieges"[283]; mitangeklagt waren 25 SS-Angehörige, darunter SS-Führer aus der Lagerkommandantur, Blockführer und Arbeitskommando-führer, ein Zivilangestellter der Leipziger Erla-Maschinenwerke, Ilse Koch als Ehefrau des ehemaligen Lagerkommandanten Karl Otto Koch und drei Funktionshäftlinge: der Häftlingspfleger Arthur Dietzsch, der Häftlingsarzt Dr. Edwin Katzen Ellenbogen und Hans Wolf, Lagerältester im Außenlager Tröglitz.[284] Den Angeklagten wurde vorgeworfen, „in ungesetzlicher und unrechtsmaessiger Weise an dem Betrieb des Konzentrationslagers Buchenwald und dessen Aussenlagern und Aussenkommandos mitgeholfen, teilgenommen, dazu beigetragen und dazu angestiftet [zu] haben"[285], wobei Häft-

---

280 Vgl. Greiser, Katrin: Die Dachauer Buchenwald-Prozesse. Anspruch und Wirklichkeit – Anspruch und Wirkung, in: Eiber, Ludwig/Sigel, Robert (Hrsg.): Dachauer Prozesse. NS-Verbrechen vor amerikanischen Militärgerichten in Dachau 1945–1948. Verfahren, Ergebnisse, Nachwirkungen (= Dachauer Symposien zur Zeitgeschichte), Göttingen ²2007, S. 160–173, hier S. 161 f.

281 Vgl. Handschriftliche Aufzeichnungen von August Bender über die Stationen der Internierung, die Haft in Dachau, die Vernehmungen, den Buchenwald-Prozess und die Haft in Landsberg [undatiert; 1947?], BA Koblenz, N 1788/6.

282 Vgl. Anklageschrift im Prozess No. 000-50-9 vom 07.03.1947, BA Koblenz, N 1788/1.

283 Ebd.

284 Vgl. ebd.; Greiser 2007, S. 163.

285 Anklageschrift im Prozess No. 000-50-9 vom 07.03.1947, BA Koblenz, N 1788/1.

Abb. 21: August Bender als Internierter in Dachau, 20.03.1947.
Quelle: NARA RG 549, WCPL, Box 6, August Bender

linge „in unrechtmaessiger und ungesetzlicher Weise Toetungen, Schlaegen, Qualen, der Verhungerung, Misshandlungen und unwuerdiger Behandlung ausgesetzt wurden."[286] Im Einzelnen wurde Bender vorgeworfen, dass er:

„1) As second Camp Doctor of Buchenwald CC Camp was responsible for the medical care of inmates and the selection of physically and mentally fit persons for labor side camps and out commands.
2) By virtue of his position caused the death of thousands of inmates.
3) Was responsible for the shipping of inmates on transports for extermination.
4) Indulged in acts of personal sadism against inmates and participated in killings."[287]

Am 1. April 1947 ordnete der Oberkommandierende der US-Streitkräfte in Europa General Lucius D. Clay an, ein Militärgericht in Dachau zu bilden.[288] Das Hauptverfahren wurde am 11. April 1947, dem zweiten Jahrestag der Befreiung Buchenwalds, eröffnet und endete mit der Urteils-

---

286 Ebd.

287 An Information Booklet on the Buchenwald Concentration Camp Case. Prepared by the Prosecution Staff, Dachau 1947, S. 14.

288 Vgl. Greiser 2007, S. 163.

Abb. 22: Das US-Militärgericht Dachau am Tag der Urteilsverkündung, 14.08.1947.
Quelle: National Archives, Washington, 111 ADC 10087 (Filmstill)

verkündung am 14. August 1947[289]; Ankläger waren Lieutenant-Colonel Robert D. Durst sowie Chief Prosecutor William D. Denson[290]. Im Prozess verzichtete Bender darauf, als Zeuge in eigener Sache auszusagen: „Ich habe in der Hauptverhandlung überhaupt keine Erklärungen abgegeben oder auch nur ein einziges Wort gesprochen."[291]

Schwieg Bender im Prozess auch, so verfolgte er die Verhandlung dennoch sehr genau: es existieren stapelweise akribische handschriftliche Prozessaufzeichnungen im Nachlass (im Ganzen 506 Seiten).[292] Als Beweismaterial legte die Anklage fünf von Bender unterschriebene Zahn-

---

289 Vgl. ebd.

290 Vgl. Anklageschrift im Prozess No. 000-50-9 vom 07.03.1947, BA Koblenz, N 1788/1.

291 Vernehmung von August Bender durch Staatsanwalt Dr. Korsch am 22.01.1964, LA NRW, Rep. 118 Nr. 2.

292 Vgl. Handschriftliche Prozessaufzeichnungen zum Buchenwald-Hauptprozess von August Bender: I. Anklage, II. Verteidigung, BA Koblenz, N 1788/9.

goldquittungen[293] sowie zwei Vernehmungen Benders[294] vor; außerdem wurden zahlreiche Häftlinge als Zeugen gehört.[295] Die Zeugenaussagen fielen mehrheitlich entlastend für Bender aus (siehe Kap. 3.4.1). Er sei in Einzelfällen auf Bitten der Häftlinge bereit gewesen zu helfen, und habe persönlich keine Grausamkeiten begangen.[296] Darüber hinaus war er jedoch „ein dienendes Glied im Buchenwalder SS-Lagerbetrieb."[297] Das Urteil vom 14. August 1947 wegen „Mithilfe und Teilnahme an den Operationen des Konzentrationslager[s] Buchenwald"[298] lautete auf zehn Jahre Gefängnis (mit Wirkung ab dem 6. Mai 1945).[299]

Auch aufgrund der entlastenden Zeugenaussagen erhielt Bender die geringste Strafe unter den insgesamt 31 Angeklagten: 22 Angeklagte wurden zum Tode verurteilt, fünf zu lebenslanger Haft, einer zu 20 Jahren Haft, zwei zu 15 Jahren Haft, Bender zu 10 Jahren Haft.[300] Insgesamt wurden sechs der 31 Angeklagten auch wegen medizinischer Verbrechen in Buchenwald verurteilt, neben Bender Dr. Hans Eisele, Dr. Werner Greunuss, Friedrich Wilhelm, Dr. Edwin Katzen Ellenbogen und Arthur Dietzsch.[301]

---

293 Vgl. Zahngoldablieferungszettel unterschrieben von August Bender vom 28.12.1944, ITS Bad Arolsen, 1.1.5.0.

294 Vgl. Vernehmung von August Bender am 14.07.1945, zit. n. Scherf 1987; Vernehmung von August Bender durch Albert B. Westerweel am 28.02.1947, BA Koblenz, N 1788/9.

295 Vgl. Scherf 1987, S. 213.

296 Vgl. ebd., S. 214 f.

297 Ebd., S. 215.

298 Einlieferungsbefehl für August Bender in das WCPL vom 14.08.1947, NARA RG 549, WCPL, Box 6, August Bender [Benders Ausfertigung: BA Koblenz, N 1788/1].

299 Vgl. ebd.

300 Vgl. Greiser 2007, S. 163.

301 Vgl. Scherf 1987, Anhang, S. 5.

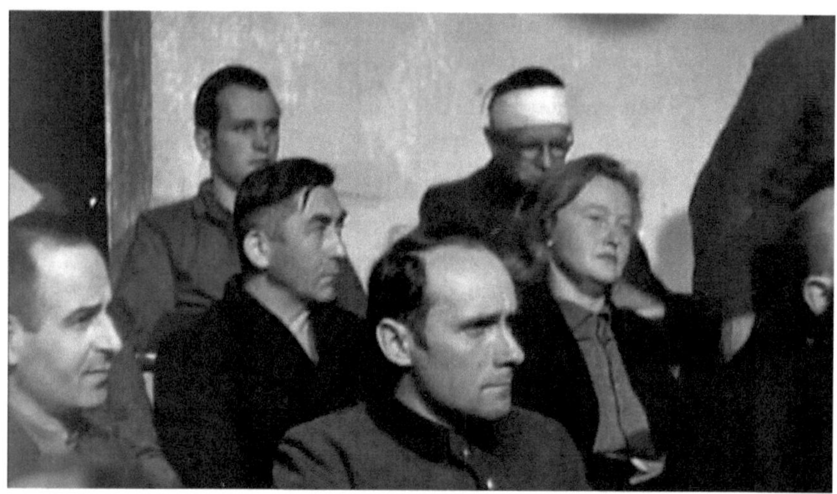

Abb. 23: *August Bender (ganz links) auf der Anklagebank, unten rechts daneben Anton Bergmeier, Ilse Koch rechts, Hans Theodor Schmidt mit Kopfverband, 12.04.1947. Quelle: National Archives, Washington, 111 ADC 6490 (Filmstill)*

Abb. 24: *August Bender auf der Anklagebank, links dahinter verdeckt sich Edwin Katzen Ellenbogen das Gesicht, 12.04.1947. Quelle: National Archives, Washington, 111 ADC 6491 (Filmstill)*

4.3 Häftling im Landsberg War Criminal Prison No. 1 und Haftentlassung

Am Tag der Urteilsverkündung am 14. August 1947 wurde August Bender unmittelbar von Dachau in das War Criminal Prison No. 1 in Landsberg am Lech (WCPL) gebracht.[302] Er erhielt die Häftlingsnummer WCPL 1041.[303] Zunächst war Bender nach eigener Erinnerung ab dem 19. August 1947 als Kohlentrimmer im „Kommando Sepp Dietrich" eingesetzt, wo er die Bekanntschaft mit dem ebenfalls inhaftierten Peter Bongartz aus Aachen machte.[304] In Erwartung eines kalten Winters und nicht funktionierender Heizungen in den Zellen[305] war das Befeuern der zwei Dampfmaschinen, die der Stromerzeugung dienten, für Bender ein Glücksfall: „Für den Winter hatte ich einen warmen Arbeitsplatz ausserhalb der Zelle und durch Peters Erfahrungen hinter Draht und Gittern eine ausgezeichnete Verpflegung."[306] Eines Tages habe man ihn bei der Arbeit aufgesucht und ihn gefragt, warum er als Arzt nicht längst ärztlich im Hospital des Gefängnisses tätig war.[307] Ab dem 4. September 1947 war Bender dann im Gefängnishospital ärztlich tätig[308], am 22. September 1947 erhielt er sogar „eine

---

302 Vgl. Einlieferungsbefehl für August Bender in das WCPL vom 14.08.1947, NARA RG 549, WCPL, Box 6, August Bender [Benders Ausfertigung: BA Koblenz, N 1788/1]; Handschriftliche Aufzeichnungen von August Bender über die Stationen der Internierung, die Haft in Dachau, die Vernehmungen, den Buchenwald-Prozess und die Haft in Landsberg [undatiert; 1947?], BA Koblenz, N 1788/6.

303 Vgl. Case Record August Bender vom 14.08.1947, NARA RG 549, WCPL, Box 6, August Bender.

304 Vgl. Handschriftliche Aufzeichnungen von August Bender über die Stationen der Internierung, die Haft in Dachau, die Vernehmungen, den Buchenwald-Prozess und die Haft in Landsberg [undatiert; 1947?], BA Koblenz, N 1788/6; Memoiren August Bender: Abschnitt „Hospital Landsberg" vom Dezember 1993, BA Koblenz, N 1788/4; Memoiren August Bender: Abschnitt „Bongartz, Peter" vom Dezember 1993, BA Koblenz, N 1788/4.

305 Vgl. Westemeier 2014, S. 406.

306 Memoiren August Bender: Abschnitt „Bongartz, Peter" vom Dezember 1993, BA Koblenz, N 1788/4.

307 Vgl. ebd.

308 Vgl. Handschriftliche Aufzeichnungen von August Bender über die Stationen der Internierung, die Haft in Dachau, die Vernehmungen, den Buchenwald-Prozess und die Haft in Landsberg [undatiert; 1947?], BA Koblenz, N 1788/6; Bescheinigung über die ärztliche Tätigkeit von August Bender im WCPL durch Rudolf Boeckh vom 21.06.1948, NARA RG 549, WCPL, Box 6, August Bender [Abschrift in: LA NRW, NW 1081/4498].

Abb. 25: War Criminal Prison No. 1 Landsberg am Lech, 1946.
Quelle: United States Holocaust Memorial Museum, Washington, 66321

ständig offene Zelle als ‚Wohnung'"[309] im Zahnarztzimmer des Hospitals[310].
Wohl nicht gänzlich aus der Luft gegriffen erscheint da Benders Bemerkung:
„Konnte jetzt frei schalten und walten und das Hospital einrichten."[311]
So habe er das Hospital „nach dem Muster meines Lazarettes in Weimar-
Buchenwald"[312] eigenständig eingerichtet, wie er mit einem gewissen Stolz
in seinen Memoiren schreibt: „Was ich anforderte wurde prompt gelie-
fert. Nichts fehlte. [...] Ich machte einen Ami darauf aufmerksam, dass
ein Rö[ntgen]-Apparat fehle. Er liess sofort in München eine ganze Stati-

---

309 Memoiren August Bender: Abschnitt „Bongartz, Peter" vom Dezember 1993, BA Koblenz, N 1788/4.

310 Vgl. Handschriftliche Aufzeichnungen von August Bender über die Stationen der Internierung, die Haft in Dachau, die Vernehmungen, den Buchenwald-Prozess und die Haft in Landsberg [undatiert; 1947?], BA Koblenz, N 1788/6.

311 Memoiren August Bender: Abschnitt „Bongartz, Peter" vom Dezember 1993, BA Koblenz, N 1788/4.

312 Memoiren August Bender: Abschnitt „Hospital Landsberg" vom Dezember 1993, BA Koblenz, N 1788/4.

on abbauen [...]."[313] Tatsächlich wurde das Hospital bestens eingerichtet, um die Verlegung von Kranken in Zivilkrankenhäuser einzuschränken; es gab jeweils einen mit modernsten Instrumenten ausgestatteten Untersuchungs-, Operations-, Röntgen- und Zahnbehandlungsraum, ebenso Sterilisationsanlagen und Zentrifugen auf dem neusten Stand der Technik.[314]

Als Arzt im Hospital leitete Bender die polyklinische Sprechstunde, die täglich etwa 50 bis 60 Patienten besuchten.[315] Hier traf er auf prominente Kriegsverbrecher und NS-Größen. Besonders in der ersten Zeit bot das Hospital den Inhaftierten eine günstige Möglichkeit, sich auszutauschen und Netzwerke zu bilden.[316] Seit 1947 gab es zur stationären Behandlung der Inhaftierten zwei große Säle im Obergeschoss, einen Saal im Erdgeschoss und einige Einzelzellen.[317] Zu seinen Kollegen im Hospital gehörten Ärzte wie der Tropenmediziner Gerhard Rose, Hitlers Begleitarzt Karl Brandt, Wilhelm Beiglböck und Fritz Fischer, die beide grausame Menschenversuche in den Konzentrationslagern vorgenommen hatten. Beiglböck arbeitete unmittelbar mit Bender zusammen, Rose war nach Benders Angaben Chef des Labors, Fischer Chef der Röntgenabteilung, Brandt chirurgisch tätig.[318] Brandts schriftlichen Nachlass – „etwa zwei dicke Aktenordner voll"[319] – habe Bender, nachdem Brandt am 2. Juni 1948 hingerichtet worden war, bei seiner Haftentlassung „rausgeschmuggelt": „Einige Wochen nach meiner Entlassung suchte ich seine Frau in Köln-Marienheide, Hauptstr. 15, auf und übergab ihr die Papiere."[320] Weiter

---

313 Ebd.

314 Vgl. Westemeier 2014, S. 406.

315 Vgl. Bescheinigung über die ärztliche Tätigkeit von August Bender im WCPL durch Rudolf Boeckh vom 21.06.1948, NARA RG 549, WCPL, Box 6, August Bender [Abschrift in: LA NRW, NW 1081/4498].

316 Vgl. Westemeier 2014, S. 406.

317 Vgl. Weichert, Klaus: 100 Jahre Justizvollzugsanstalt Landsberg am Lech, Landsberg am Lech 2008, S. 93.

318 Vgl. Memoiren August Bender: Abschnitt „Hospital Landsberg" vom Dezember 1993, BA Koblenz, N 1788/4.

319 Ebd.

320 Ebd. Brandts Ehefrau, Anna, genannt Anni, Brandt, geb. Rehborn, war seit 1946 gemeinsam mit ihrem Sohn Karl-Adolf Brandt in Marienheide, Hauptstraße 15, gemeldet und verzog erst 1980 in das

berichtet Bender mit rassistischem Duktus davon, wie man sich allmählich das von den Amerikanern zusätzlich eingesetzte polnische Wachpersonal[321] „gefügig" gemacht habe: „Für Amphetamin Portionen drückten sie manchmal sogar beide Augen zu."[322] Über die polnischen Wachmannschaften schrieb Bender, sie seien „allesamt widerliche Typen"[323] gewesen. Für die entsprechenden Gegenleistungen – „anständiges Benehmen, keine Schikanen, lasche Bewachung"[324] – habe er mit Tripper und Syphilis infizierte Polen ohne Wissen der Gefängnisleitung behandelt:

> „Sie trieben sich bei Weibern herum, die anscheinend in einer regelrechten Gonococcen Höhle ihrem Geschäft nachgingen. Und Lues war auch an der Tagesordnung. Erfuhren die Amis davon, gab es hohe Strafen und Rausschmiss. Also nahm ich mich ihrer an."[325]

Durch die Mauschelei mit dem Wachpersonal sei Bender es so möglich gewesen, zum Tode Verurteilte vor dem „Hängen" noch einmal für einige Zeit „aus dem Gitterkäfig heraus zu holen"[326]. Den Zeitpunkt der Hinrichtung einiger „Rotjacken" (so genannt wegen ihrer roten Häftlingsbekleidung)[327] habe er durch Verabreichung von intramuskulären Milchinjektionen außerdem häufig hinauszögern können. Als Reizkörpertherapie bei Entzündungen am Auge kannte Bender die Methode aus der Hautklinik in Kiel, in der er als Medizinalpraktikant Erfahrungen gesammelt hatte. Nun wandte Bender die Injektionen an, um Fieber

---

Wohnstift Augustinum in Essen-Rellinghausen (Mail des Einwohnermeldeamtes Marienheide an den Vf. vom 18.05.2018). Vgl. auch Schmidt, Ulf: Karl Brandt: The Nazi Doctor. Medicine and Power in the Third Reich, London/New York 2007, S. 399.

321 Vgl. dazu Westemeier 2014, S. 407.

322 Memoiren August Bender: Abschnitt „Hospital Landsberg" vom Dezember 1993, BA Koblenz, N 1788/4.

323 Ebd.

324 Ebd.

325 Ebd.

326 Ebd.

327 Vgl. dazu Westemeier 2014, S. 404; Weichert 2008, S. 94; Raithel, Thomas: Die Strafanstalt Landsberg am Lech und der Spöttinger Friedhof (1944–1958). Eine Dokumentation im Auftrag des Instituts für Zeitgeschichte München, München 2009, S. 60.

zu verursachen, und „spritzte" Todeskandidaten systematisch krank: „Je nach Injektionsmenge konnte man die Temperatur steuern. Ich fabrizierte, um die Sache dramatisch zu machen, meist 40 ° […,] für die Amis eine kleine Katastrophe: Der Hängetermin war gefährdet, mit all seinem bürokratischen Drum und Dran und Absagen an die Zuschauer u. s. w."[328] Saßen Mithäftlinge in verschärftem Arrest bei Wasser und Brot im „Bunker", so gab es laut Bender „vorsorglich Absprachen und ein Programm"[329]:

> „Als erstes: Simulation von Magenkrämpfen, Herbeirufen eines Wachmannes, der verständigte mich, dann Hokus-Pokus, Verordnung von warmen Kompressen. Es gab bei den Amis grosse Wärmbeutel, die ca. 2 Liter fassten. Er wurde mit Suppe gefüllt, unter die Leinen-Verkleidung kam Brot, das Ganze in ein Wolltuch eingeschlagen – und der Wachmann brachte es treu und brav in die Zelle."[330]

Auch siebenprozentiger medizinischer Alkohol wurde auf diese Weise von Bender in den „Bunker" geschmuggelt.[331]

Nachdem knapp ein Jahr seit der Urteilsverkündung im Buchenwald-Prozess vergangen war, hatte sich der politische Wind gedreht. Die nach US-Recht vorgesehene Überprüfung der Urteile durch das Review and Recommendation Board[332] fiel in ein völlig verändertes weltpolitisches Klima: vom besiegten Feind waren die Deutschen zum umworbenen Bündnispartner gegen die Sowjetunion geworden. Und so gewannen die Stimmen jener, die gegen den Prozess und die Urteile polemisiert hatten, an Gewicht und Einfluss.[333] Eine wichtige Rolle spielte dabei außerdem die in der deutschen Nachkriegsgesellschaft allmählich einsetzende Empörung über die Verurteilung der Täter: „Die Sieger sollten damit aufhören, verdienstvolle

---

328 Memoiren August Bender: Abschnitt „Hospital Landsberg" vom Dezember 1993, BA Koblenz, N 1788/4.

329 Ebd.

330 Ebd.

331 Vgl. ebd.

332 Vgl. Westemeier 2014, S. 434 f.

333 Vgl. Greiser 2007, S. 170.

Generäle und noch den letzten Blockwart zur Verantwortung zu ziehen; man müsse endlich einen Schlussstrich unter das Vergangene ziehen!"[334] In der Folge entwickelte sich eine regelrechte „Kriegsverbrecherlobby"[335], die auf die „Amnestierung und Reintegration der NS-Täter und Kriegsverbrecher"[336] drängte. Der Bericht des Review and Recommendation Boards unter Deputy Judge Advocate Lieutenant-Colonel Clio E. Straight schlug dementsprechend eine Reduzierung der Haftstrafe im Fall Benders auf drei Jahre vor.[337] Als Begründung wurde angeführt: „there is no satisfactory proof of personal acts of violence or violence at his direction, nor is there proof that his assigned tasks were inherently harmful to inmates."[338]

General Lucius D. Clay folgte der Empfehlung des Revisionsausschusses und milderte am 8. Juni 1948 Benders Strafmaß von zehn auf drei Jahre Haft ab – wobei gleichsam „der Befund und das Urteil bestaetigt werden"[339]. Am 21. Juni 1948 wurde Bender aus der Landsberger Haft entlassen.[340]

---

334 Westemeier 2014, S. 403.

335 Ebd.

336 Ebd., S. 404.

337 Vgl. Deputy Judge Advocate's Office, 7708 War Crimes Group, European Command: United States vs. Josias Prinz zu Waldeck et al., Case No. 000-50-9. Review and Recommendations of the Deputy Judge Advocate for War Crimes, 15.11.1947, online: http://www.online.uni-marburg.de/icwc/dachau/000-050-0009.pdf [Zugriff: 01.03.2018], S. 41.

338 Ebd.

339 Order on Review im Fall August Bender vom 08.06.1948, unterzeichnet von General Lucius D. Clay, NARA RG 549, WCPL, Box 6, August Bender.

340 Vgl. Entlassungsschein vom 21.06.1948, unterzeichnet vom WCPL-Direktor Captain Lloyd A. Wilson, BA Koblenz, N 1788/1.

4.4 Netzwerke nach der Haftentlassung und Umtriebe für die Rehabilitierung ehemaliger Kameraden

Wieder in Freiheit unterhielt Bender weiter regelmäßigen Kontakt zu anderen „Landsbergern".[341] So schrieb ihm etwa der „Leitende Zahnarzt" der Konzentrationslager, SS-Obersturmbannführer Dr. Hermann Pook[342], am 27. Dezember 1948 verspätet zu Weihnachten:

> „Lieber August! Frohe Weihnachtstage und ein glückliches Neues Jahr wünsche ich Dir u. Deinen lb. Angehörigen. Hier ist noch alles unverändert. Wir hoffen aber auf das Neue Jahr, dass es auch uns die ersehnte Freiheit bringt. Dr. [Hans] Eisele u. [Wilhelm] Grill sind gestern begnadigt. Herzliche Grüsse Dein Hermann Pook."[343]

Direkt unter Pooks Zeilen richtete der berüchtigte NSDAP-Gauleiter und gelernte Zahnarzt Dr. Otto Hellmuth seine Weihnachtsgrüße an Bender.[344] Knapp ein Jahr zuvor hatte Hellmuth versucht, Suizid zu begehen und – bis zum Schluss unverbesserlich – mit seinem eigenen Blut an die Wand seiner Landsberger Zelle „Heil Hitler" geschmiert.[345] Wilhelm Beiglböck unterrichtete Bender über den Gesundheitszustand von gemeinsamen Bekannten und Fridolin Puhr, Nachfolger Benders im WCP-Hospital, berichtete von der aktuellen personellen Besetzung, Entlassungen und Intrigen.[346] Daneben kamen auch andere „News" aus dem Landsberger Gefängnis: Der Bender aus Buchenwald bekannte ehemalige SS-Sturmbannführer Otto

---

341 Vgl. zur Solidargemeinschaft „System Landsberg" Westemeier 2014, S. 414 f.

342 Zu Pook vgl. Schmidt u. a. 2018.

343 Brief von Hermann Pook an August Bender vom 27.12.1948, BA Koblenz, N 1788/3.

344 Vgl. ebd.

345 Vgl. Kirchhoff, Wolfgang: Schulzahnärzte im NS-System, in: Groß, Dominik u. a. (Hrsg.): Zahnärzte und Zahnheilkunde im „Dritten Reich". Eine Bestandsaufnahme (= Medizin und Nationalsozialismus 6), Berlin 2018, S. 147–167, hier S. 163. Ein zweiter Suizidversuch unter derselben „Treuebekundung" führte am 20. April (Hitlers Geburtstag) 1968 zum gewünschten Erfolg (vgl. ebd.).

346 Vgl. etwa Brief von Wilhelm Beiglböck an August Bender vom 21.08.1949, BA Koblenz, N 1788/3; Brief von Fridolin Puhr an August Bender vom 13.02.1951, BA Koblenz, N 1788/3.

Barnewald schrieb regelmäßig[347]; der ehemalige Personalchef der Leipziger Erla-Maschinenwerke Walther Wendt überbrachte Bender am 3. März 1949 „herzliche Grüsse von Josias"[348], dem Höheren SS- und Polizeiführer (HSSPF) Fulda-Werra Josias Fürst zu Waldeck und Pyrmont, einem der „wohl ‚prominentesten' Landsberger"[349]. Waldeck kannte Bender nach eigener Aussage seit 1938 persönlich, da er im Rahmen seiner Dienstreisen einige Male in Buchenwald übernachtet habe.[350] Seine Frau, Altburg Marie Mathilde Olga von Oldenburg, habe er in Landsberg kennengelernt und dann alljährlich gemeinsam mit einer ihrer Töchter bei den Kameradschaftstreffen der ehemligen Angehörigen der SS-Totenkopfdivision in Bad Arolsen gesehen.[351] Mit Margot Schmidt, der Frau von Hans Theodor Schmidt, dem Adjutanten des Kommandanten des KZ Buchenwald, stand Bender in ständiger Korrespondenz bzgl. der Erwirkung einer Begnadigung ihres zum Tode verurteilten Mannes.[352] Im Ausstellen von Persilscheinen hatte Bender bereits in Haft „hinreichend Übung"[353] gewonnen und unterstützte auch nach seiner Haftentlassung aktiv die Bemühungen der Kriegsverbrecherlobby, NS-Täter zu entlasten.[354] So gab Bender eine 13-seitige eidesstattliche Erklärung ab, in der er von angeblichen Folterungen durch die US-Army im Interrogation Center Oberursel berichtete. Dies sollte die Vollstreckung der Todesurteile von Hans Schmidt, Hans Merbach und Max Schobert am 8. November 1948 verhindern.[355] Er richtete die Erklärung an den Münchener Weihbischof Dr. Johannes Neuhäusler, der allgemein für sein Eintreten für verurteilte NS-Kriegsverbrecher be-

---

347 Vgl. etwa Brief von Otto Barnewald an August Bender vom 01.07.1951, BA Koblenz, N 1788/3.

348 Brief von Walther Wendt an August Bender vom 03.03.1949, BA Koblenz, N 1788/3.

349 Westemeier 2014, S. 409.

350 Vgl. Memoiren August Bender: Abschnitt „Waldeck" vom Dezember 1993, BA Koblenz, N 1788/4.

351 Vgl. ebd.

352 Vgl. die Korrespondenz in BA Koblenz, N 1788/5.

353 Memoiren August Bender: Abschnitt „Ding-Schuler" vom Dezember 1993, BA Koblenz, N 1788/4.

354 Vgl. Westemeier 2014, S. 443 f.

355 Vgl. Abschrift des Schreibens samt Eidesstattlicher Erklärung von August Bender an Johannes Neuhäusler vom 08.11.1948, BA Koblenz, N 1788/1.

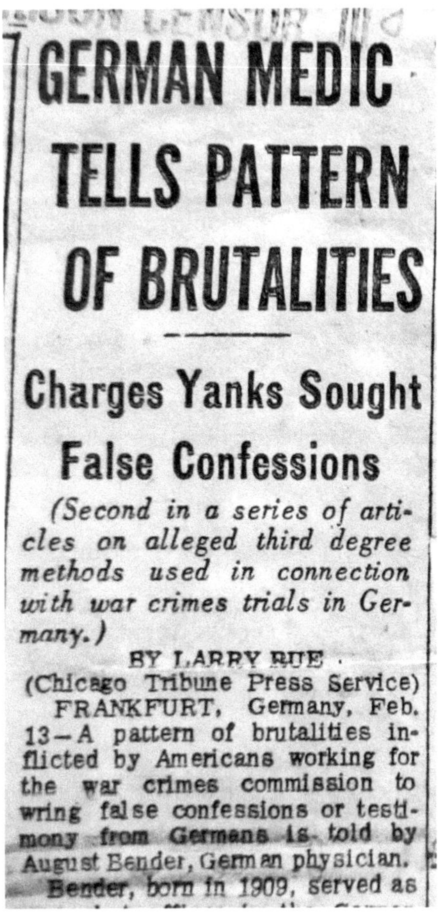

GERMAN MEDIC
TELLS PATTERN
OF BRUTALITIES

Charges Yanks Sought

False Confessions

*(Second in a series of arti-
cles on alleged third degree
methods used in connection
with war crimes trials in Germany.)*

BY LARRY RUE
(Chicago Tribune Press Service)
FRANKFURT, Germany, Feb.
13 — A pattern of brutalities in-
flicted by Americans working for
the war crimes commission to
wring false confessions or testimony from Germans is told by
August Bender, German physician.
Bender, born in 1909, served as

*Abb. 26: Schlagzeile in der Chicago Tribune, 14. Februar 1949.
Quelle: BA Koblenz, N 1788/3*

kannt war.[356] In seiner Erklärung berichtet Bender von unerträglicher Hitze
in der Zelle durch einen von außen gesteuerten elektrischen Heizkörper
und üble körperliche Misshandlungen durch die zuständigen US-Sergeants

---

356 Vgl. Westemeier 2014, S. 439. Schon vor Benders Erklärung im November 1948 kursierte die krude
Geschichte von angeblichen Folterungen im Vorfeld des Malmedy-Prozesses; im März 1948 wandte
sich Neuhäusler diesbezüglich an fünf amerikanische Kongressabgeordnete und drängte auf Aussetzung
der Todesurteile und weitere Ermittlungen (vgl. Frei, Norbert: Vergangenheitspolitik. Die Anfänge der
Bundesrepublik und die NS-Vergangenheit, München 1996, S. 143).

und klagt an, die Geständnisse in Oberursel seien nur durch Folterungen entstanden[357] – Jens Westemeier nennt es das „Märchen von der auf 80 Grad erhitzten Zelle in Oberursel"[358]. Im Februar 1949 erschien darüber sogar ein Bericht in der „stramm antikommunistischen"[359] *Chicago Tribune* unter dem Titel „German Medic Tells Patterns of Brutalities".[360] Freilich waren die Folterberichte nichts als reine Erfindung[361], was die Verurteilten selbst genau wussten:

> „Die Verteidiger hätten sie gedrängt, zu beschwören, dass sie misshandelt worden seien. [...] Die Geschichten von den Misshandlungen seien erfunden worden, um irgendwie doch noch aus der Sache herauszukommen. Der Foltervorwurf war die letzte Chance der Gefangenen, ihre Geständnisse während der Voruntersuchung ungeschehen zu machen [...]."[362]

Es folgte ein weiteres „Statement" Benders am 25. Mai 1949, in dem er fabulierte, dass Schmidt „keinerlei Befehlsgewalt"[363] in Lagerangelegenheiten inne gehabt habe und nicht er als Adjutant Vertreter des Kommandanten gewesen sei, sondern der – zu diesem Zeitpunkt bereits hingerichtete – Schutzhaftlagerführer Max Schobert.[364] Am 23. Februar 1950 ergänzte Bender in einer weiteren Erklärung, Schmidt sei aufgrund mehrerer schwerwiegender Erkrankungen „zu keiner Zeit des Prozesses verhandlungsfähig"[365]

---

357 Vgl. Abschrift des Schreibens samt Eidesstattlicher Erklärung von August Bender an Johannes Neuhäusler vom 08.11.1948, BA Koblenz, N 1788/1.

358 Westemeier 2014, S. 445.

359 Ebd., S. 436.

360 Vgl. Rue, Larry: German Medic Tells Patterns of Brutalities, in: Chicago Tribune vom 14. Februar 1949, S. 3, online: http://chicagotribune.newspapers.com/image/372602701/?terms=German+Medic +Tells+Patterns+of+Brutalities [Zugriff: 01.03.2018] [BA Koblenz, N 1788/1].

361 Dieser Befund wurde Anfang September 1949 vom Baldwin-Ausschuss bestätigt (vgl. Frei 1996, S. 160 f.; Westemeier 2014, S. 449–451).

362 Westemeier 2014, S. 452.

363 Beglaubigte Abschrift einer Eidesstattlichen Erklärung von August Bender vom 25.05.1949, BA Koblenz, N 1788/1.

364 Vgl. ebd.

365 Vgl. Abschrift einer Eidesstattlichen Erklärung von August Bender vom 23.02.1950, BA Koblenz, N 1788/1.

Abb. 27: Margarete Himmler mit Tochter Gudrun in Haft, 1945. Quelle: National Archive, Washington, 111-SC-218559/United States Holocaust Memorial Museum, Washington, 83123

gewesen. Im Fall Schmidt blieben sämtliche Bemühungen jedoch erfolglos: am 7. Juni 1951 wurde er als einer der letzten Landsberger Todeskandidaten hingerichtet. Auf einem Bericht über die Trauerfeier für Schmidt, an der tausende Menschen teilnahmen, darunter zahlreiche ehemalige SS-Kameraden, vermerkte Bender wohl nicht ganz ohne Stolz: „Ich nahm daran teil."[366]

Wie umfangreich Benders Bekanntschaftskreis war, bezeugt der Besuch Margarete Himmlers und Inge Gerhards, der Schwester von Erika Flocken,[367] aus Düren bei den Benders in Kelz. In seinen Memoiren schreibt Bender:

---

366 Abschrift eines Schreibens an den Bundesinnenminister vom 16.06.1951, BA Koblenz, N 1788/5.

367 Zu Erika Flocken vgl. Bosch, Erhard: Die OT-Ärztin Dr. Erika Flocken, in: Das Mühlrad 53 (2011), S. 203–222; Hilton, Fern Overbey: The Dachau Defendants. Life Stories from Testimony and Documents of the War Crimes Prosecutions, Jefferson/London 2004, S. 143–156; Raim, Edith: Die Dachauer KZ-Außenkommandos Kaufering und Mühldorf. Rüstungsbauten und Zwangsarbeit im letzten Kriegsjahr 1944/45, Landsberg am Lech 1992, S. 220–240. Kritisch zu lesen ist: Seidler, Franz W.: Dr. med. Erika Flocken. Opfer der US-Militärjustiz, in: Kosiek, Rolf/Rose, Olaf (Hrsg.): Der Große Wendig. Richtigstellungen zur Zeitgeschichte, Bd. 4, Tübingen ³2017, S. 586–596. Auch WCPL-Pfarrer Karl Morgenschweis erwähnt Flocken in seiner berühmten Rede: „Für Wahrheit und Gerechtigkeit". Das Bekenntnis des Monsignore Morgenschweis, Teil VI, in: Der Freiwillige 4/1973, S. 6 f. Als nichtfiktive Person taucht Flocken auf in: von Salomon, Ernst: Der Fragebogen, Hamburg 1951.

„Im Jahre 1949 oder 1950 kam Inge Gerhard, geb. Hosenberg, plötzlich mit Frau Himmler zu uns in Kelz zu Besuch. Frau Himmler wohnte damals in den Bodelschwingschen [sic!] Anstalten bei Bielefeld, ihre Tochter machte eine Ausbildung in München (Modebranche). Sie war mittellos. [...] Nachmittags machten wir einen Spaziergang auf dem Mausauel (siehe Photo). Dass die Frau meines allerhöchsten Chefs und gegen Ende des Krieges des mächtigsten Mannes in Deutschland bei mir mal Kaffee trinken und mit mir spazieren gehen würde, war schon eine komische Situation."[368]

---

[368] Memoiren August Bender: Abschnitt „Frau Himmler" vom Dezember 1993, BA Koblenz, N 1788/4. Das Foto befindet sich leider nicht im Nachlass im Bundesarchiv Koblenz. Die Angaben zu Wohnort und Tätigkeit von Marga und Gudrun Himmler sind korrekt. Zu Margarete Himmler vgl. Wittler, Christina: Leben im Verborgenen. Die Witwe des „Reichsführers SS" Heinrich Himmler Margarete Himmler (1893–1967), in: Sunderbrink, Bärbel (Hrsg.): Frauen in der Bielefelder Geschichte, Bielefeld 2010, S. 193–205. Zu Himmlers Tochter Gudrun Burwitz, geb. Himmler vgl. Lebert, Norbert: Gudrun Himmler, in: ders./Lebert, Stephan (Hrsg.): Denn Du trägst meinen Namen. Das schwere Erbe der prominenten Nazi-Kinder, München 2002, S. 138–158.

5. Landarztkarriere und Selbstwahrnehmung nach 1948

Nachdem Bender seit Sommer 1948 wieder ein freier Mann und zunächst gemeinsam mit seiner Frau und seinen Kindern in seinem Elternhaus in Kreuzau untergekommen war[369], stand für ihn mit knapp 40 Jahren die Frage nach seiner weiteren beruflichen Zukunft im Raum. Voraussetzung für eine Zulassung als Kassenarzt war die Vorlage eines Entnazifizierungsbescheids.[370] Im beantragten Entnazifizierungsverfahren vor dem Entnazifizierungsausschuss des Kreises Düren machte Bender wissentlich mehrere Falschangaben – vor allem leugnete er den Kirchenaustritt im Jahr 1941.[371] Mit Erfolg: Der „Einreihungsbescheid" vom 25. Oktober 1948 stufte ihn – als ehemaligen SS-Sturmbannführer und Lagerarzt im KZ Buchenwald – in die Kategorie IV „Mitläufer" ohne Vermögenssperre ein.[372] Dass ihm auch die Falschangaben bei der Entscheidung zugutekamen, belegt das Gutachten des Entnazifizierungsausschusses. Hier heißt es:

---

369 Vgl. Schreiben der Meldebehörde Kreuzau an die Zentrale Stelle der Landesjustizverwaltungen vom 10.11.1965, BA Ludwigsburg, B 162/26394.

370 Vgl. Gutachten des Entnazifizierungsausschusses des Kreises Düren in der Sache August Bender vom 08.10.1948, LA NRW, NW 1081/4498.

371 Vgl. Entnazifizierungsbogen August Bender, LA NRW, NW 1081/4498. Zur Beteuerung seiner ständigen Zugehörigkeit zur katholischen Kirche legt er eine eidesstattliche Erklärung seines Vaters bei, der bezeugt, als Taufpate bei der Taufe des Walter Bender „nach röm. kathol. Ritus" im Jahre 1940 zugegen gewesen zu sein. Aus einer beigelegten Abschrift aus dem Familienstammbuch der Familie Bender ist außerdem ersichtlich, dass die 1944 geborene Tochter Ingeborg am 16.06.1946 ebenfalls nach römisch-katholischem Ritus getauft wurde. In Anbetracht der Angabe Benders im Jahre 1964, er sei zwar bereits in der Haft 1945/56 wieder in die Kirche eingetreten, sei aber kein praktizierender Katholik (vgl. Vernehmung von August Bender durch Staatsanwalt Dr. Korsch am 22.01.1964, LA NRW, Rep. 118 Nr. 2), erscheint die 1946 nachgeholte Taufe der 1944 geborenen Tochter lediglich als „Vorbereitung" auf Anschuldigungen im Prozess und war wohl, wie auch schon der Kirchenaustritt, unter nun veränderten Bedingungen rein opportunistischer Natur. Bender dürfte – spätestens durch das Ausfüllen des Entnazifizierungsbogens im Sonderlager Dachau 1945 (vgl. Entnazifizierungsbogen August Bender, NARA RG 549, WCPL, Box 6, August Bender) – bekannt gewesen sein, dass die Frage nach einem Kirchenaustritt in der Nachkriegszeit bei der Beurteilung der Festigung der nationalsozialistischen Weltanschauung eine nicht unerhebliche Rolle spielte. Es ist daher anzunehmen, dass der Wiedereintritt in die katholische Kirche und die nachgeholte Taufe der Tochter aus rein pragmatisch-strategischen Gründen erfolgte, um eine Verstrickung in das NS-System herunterzuspielen.

372 Vgl. Einreihungsbescheid des Entnazifizierungsausschusses des Kreises Düren für August Bender vom 25.10.1948, LA NRW, NW 1081/4498.

„Da der Antragsteller trotz des ergangenen Urteils aus der Haft entlassen wurde, muhs [sic!] daraus der Schluss gefolgert werden, dass der Antragsteller sich keinerlei Verbrechen gegen die Menschlichkeit schuldig gemacht hat. [...] Auch hat er als SS-Angehöriger seine Bindungen zur Kirche nicht gelöst und seine Kinder kath. taufen lassen. Mit diesem Verhalten stand er im Gegensatz zu den Forderungen des Nationalsozialismus. [...] Seine kurzfristigen Versetzungen als Arzt können dem Antragsteller kaum eine Gelegenheit zu einem pol. Wirken oder Ausleben gegeben haben."[373]

Dass der Ausschuss außerdem bemüht war, entlastende Momente zu finden, die so vom Antragsteller überhaupt nicht benannt wurden, bestätigt Lutz Niethammers These, dass die Entnazifizierungsausschüsse zu reinen „Mitläuferfabriken" verkamen.[374] Ulrich Herbert schreibt dazu: „Aus einer Prozedur zur Entfernung der Nationalsozialisten aus dem politischen, wirtschaftlichen und kulturellen Leben war ein Verfahren geworden, durch das die einstigen Nazis das Stigma ihrer früheren Tätigkeiten loswurden."[375] Am 8. Oktober 1949 gab Bender in einer Anzeige in den *Aachener Nachrichten* bekannt, dass er sich in Kelz bei Vettweiß als praktischer Arzt niedergelassen hatte.[376] Seit dem 1. Dezember 1949 war er in Kelz auch polizeilich gemeldet, 1964 bezog er hier einen Neubau mit Wohn- und Praxisräumen.[377] Im Laufe der Jahre wurde seine Praxis zu einer „Institution" im ländlichen Kelz und Umkreis.[378]

---

373 Gutachten des Entnazifizierungsausschusses des Kreises Düren in der Sache August Bender vom 08.10.1948, LA NRW, NW 1081/4498.

374 Vgl. Niethammer, Lutz: Die Mitläuferfabrik. Die Entnazifizierung am Beispiel Bayerns, Berlin/Bonn 1982.

375 Herbert, Ulrich: NS-Eliten in der Bundesrepublik, in: Loth, Wilfried/Rusinek, Bernd-A. (Hrsg.): Verwandlungspolitik. NS-Eliten in der westdeutschen Nachkriegsgesellschaft, Frankfurt a. M./New York 1998, S. 93–115, hier S. 102.

376 Vgl. Annonce Dr. med. A. Bender, Ärztliche Bekanntmachungen, in: Aachener Nachrichten Nr. 135 vom 08.10.1949, S. 9.

377 Vgl. Schreiben der Amtsverwaltung Vettweiß an die Zentrale Stelle der Landesjustizverwaltungen vom 12.11.1965, BA Ludwigsburg, B 162/26394; Vernehmung von August Bender durch Staatsanwalt Dr. Korsch am 22.01.1964, LA NRW, Rep. 118 Nr. 2.

378 Vgl. Wirtz, Karl: „Unser Doktor" starb im Dezember, in: Amtsblatt für die Gemeinde Vettweiß 3/2006, S. 14; Schweda 2012.

Abb. 28: Annonce in den Aachener Nachrichten, Nr. 135, 8. Oktober 1949. Quelle: Stadt-und Kreisarchiv Düren

5.1 Mitgliedschaft in der HIAG

Zu seinen ehemaligen Kameraden hielt Bender weiterhin regelmäßigen Kontakt: seit 11. Oktober 1953 gehört er der „Hilfsgemeinschaft auf Gegenseitigkeit der ehemaligen Angehörigen der Waffen-SS e. V." (HIAG) an[379], die zeitweise wegen rechtsextremer Tendenzen vom Verfassungsschutz beobachtet wurde.[380] Die HIAG-Ortsgruppen hatten sich ab 1950 aus offenen Zirkeln und losen Stammtischen ehemaliger SS-Angehöriger überall in West-Deutschland gebildet. Am 28. September 1951 schlossen sich die einzelnen Ortsgruppen Nordrhein-Westfalens zu einem Landesverband zusammen; 1953 wurde eine Bundesverbindungsstelle eingerichtet, 1959 schließlich ein Bundesverband gegründet.[381] Im Mittelpunkt der Arbeit der HIAG stand neben einem Suchdienst für Vermisste vor allem der Wunsch nach Rehabilitierung der ehemaligen Angehörigen der Waffen-SS. Dazu gehörte insbesondere auch das vehemente Bestreiten der systematischen Rotation von

---

379 Vgl. HIAG-Mitgliedsausweis Nr. 57175 von August Bender, BA Koblenz, N 1788/2; Eintrittserklärung August Bender in die HIAG, Bezirk Aachen, vom 11.10.1953, BA Koblenz, N 1788/2. Seine Bürgen für die Aufnahme in den HIAG-Landesverband NRW sind die SS-Veteranen Willy Lehmann und Martin Frisch aus Vettweiß-Kelz (vgl. Aufnahmeantrag August Bender vom 26.03.1954, BA Koblenz, N 1788/2).

380 Vgl. Schimnick, Uwe: Die „Hilfsgemeinschaft auf Gegenseitigkeit" (HIAG) im Spiegel nordrheinwestfälischer Verfassungsschutzakten, in: Niederhut, Jens/Zuber, Uwe (Hrsg.): Geheimschutz transparent? Verschlusssachen in staatlichen Archiven, Essen 2010, S. 59–74. Zur HIAG im Allgemeinen vgl. Wilke 2011.

381 Vgl. Westemeier 2014, S. 466 f.

Mitgliedern der Waffen-SS zwischen den KZs und den Feldtruppenteilen.[382]
So hielt auch Konrad Adenauer eine strikte Trennung zwischen den Verbrechern der Allgemeinen SS und den Soldaten der Waffen-SS aufrecht und erklärte 1953, die ehemaligen Angehörigen der Waffen-SS seien „Soldaten wie andere auch."[383] – Bei der HIAG fand Bender sich also in bester Gesellschaft. Hier übernahm er bei der Kameradschaft Düren verschiedene Ämter[384], nahm an den regelmäßigen Kameradschaftsabenden ebenso teil[385] wie an der alljährlichen Kranzniederlegung am Grab des SS-Obersturmbannführers Hans Waldmüller auf dem Neuen Friedhof Düren, zu der neben den befreundeten Kameradschaften Aachen und Stolberg/Eschweiler sogar regelmäßig HIAG-Bundessprecher Hubert Meyer aus Leverkusen anreiste[386]. Auch auf überregionaler Ebene war Bender aktiv: Als Mitglied der Truppenkameradschaft der 3. SS-Panzer-Division „Totenkopf" nahm er an diversen Treffen und Fahrten teil. Ein Rundschreiben für ein Kameradschaftstreffen im mittelhessischen Oberaula benennt explizit den „Wunsch des Kameraden Dr. Bender mal wieder mit den alten Pz.-Jägern zusammen zu kommen."[387] Am 5. April 1966 wurde Bender die HIAG-Silbernadel verliehen, am 15. Oktober 1983 folgte die Verleihung der „Ehrennadel in Gold".[388] In der Begründung für die Verleihung der HIAG-Goldnadel heißt es: „Bender ist Gründungsmitglied unserer Kameradschaft, war während der Zeit mit verschiedenen Ämtern betraut, hat immer rege am Verbandsleben

---

382 Vgl. ebd., S. 471.

383 Vgl. ebd., S. 470.

384 Vgl. Beantragung der Verleihung der „Ehrennadel in Gold" an August Bender durch Hermann Harzheim vom 29.08.1983, BA Koblenz, N 1788/2.

385 Vgl. ebd.; Rundschreiben von Hermann Harzheim vom 22.09.1993, BA Koblenz, N 1788/2.

386 Vgl. HIAG Düren: Totenehrung am Grabe von Hans Waldmüller, in: Der Freiwillige 1/1975, S. 25; HIAG Düren: Gedenken an Hans Waldmüller und Karl Markart, in: Der Freiwillige 1/1985, S. 24 f. Vgl. auch Notiz auf Broschüre zum 9. Korpstreffen 1976 in Nassau (Lahn), BA Koblenz, N 1788/2; Rundschreiben von Hermann Harzheim vom 22.09.1993, BA Koblenz, N 1788/2.

387 Rundschreiben zur Einladung zum Kameradschaftstreffen in Oberaula bei Bad Hersfeld von Hans Hohenschurz vom Februar 1984, BA Koblenz, N 1788/2.

388 Vgl. „Geschäftsablauf in der Ortsgruppe" auf dem Aufnahmeantrag August Bender vom 26.03.1954, BA Koblenz, N 1788/2.

Abb. 29: Kranzniederlegung der HIAG auf dem Soldatenfriedhof Hürtgen (Kreis Düren), 8. Mai 1985. Quelle: Der Freiwillige 7-8/1985, Cover-Innenseite

teilgenommen und stand uns immer mit Rat und Tat zur Seite. Bender ist der Senior unserer Kameradschaft."[389]

Wie sehr Bender das Gedankengut der HIAG teilte, zeigen auch seine diversen bekräftigenden Anstreichungen in verschiedenen HIAG-Publikationen und Zeitungsartikeln zur Wahrnehmung der Organisation in der Öffentlichkeit. Auf einem Zeitungskommentar aus der *Aachener Volkszeitung* mit dem Titel „Soldaten wie andere auch" von Werner Ottmann strich Bender dreifach dick an: „Zum Schluß noch ein Wort des großen Dichters Friedrich Franz von Unruh in ‚Ermutigung   ein Appell an die Deutschen': ‚Selten wohl hat ein Volk seine tapferen Söhne derart im Stich gelassen, selten sich selbst so verraten!'"[390] Der Kameradschaft Düren gehörte Bender als aktives Mitglied bis zu ihrer Auflösung im Jahr 1993 an.[391] Darüber hinaus spendete er bis zur Auflösung im Juni 1991 regelmäßig an das „Sozialwerk Paul Hausser e. V.", das Sozialwerk der HIAG.[392] Auch nach der offiziellen

---

389 Beantragung der Verleihung der „Ehrennadel in Gold" an August Bender durch Hermann Harzheim vom 29.08.1983, BA Koblenz, N 1788/2.

390 Offermann, Werner: „Soldaten wie andere auch". Zu dem Artikel „Totenkopf-Treffen schadet uns allen" von K. H. Pruys in der AVZ NR. 77, in: Aachener Volkszeitung Nr. 83 vom 07.04.1984 [BA Koblenz, N 1788/2].

391 Vgl. Handschriftliche Notiz von August Bender auf der Einladung zur Jahreshauptversammlung 1993, BA Koblenz, N 1788/2.

392 Vgl. Handschriftliche Notiz von August Bender auf dem Schreiben des Sozialwerks „Paul Hausser"

Abb. 30: HIAG-Unterlagen im Nachlass Benders im Bundesarchiv Koblenz.
Quelle: BA Koblenz, N 1788/2 (Foto vom Vf.)

Auflösung der HIAG-Kameradschaft Düren trafen sich die zuletzt rund 15 SS-Veteranen weiterhin regelmäßig als loser „Kameradenkreis" am ersten Dienstag des Monats in der Dürener Stadthalle.[393] Noch bis 1997 nahm Bender darüber hinaus jährlich an einer Senioren-Sternfahrt teil, einem überregionalen Treffen ehemaliger SS-Angehöriger.[394] Seine Sterbeanzeige wurde 2006 sowohl im ehemaligen HIAG-Organ *Der Freiwillige* als auch im *Melder* der Truppenkameradschaft der Totenkopfdivision veröffentlicht.[395]

---

e. V. vom Juni 1991, BA Koblenz, N 1788/2.

393 Vgl. Einladung zum „Kameradenkreis" von Hermann Harzheim vom 22.09.1993, BA Koblenz, N 1788/2.

394 Vgl. Einladungen zur „Senioren-Sternfahrt" mit handschriftlichen Notizen von August Bender von 1989–1997, BA Koblenz, N 1788/2.

395 Vgl. Der Freiwillige 5/2006, S. 18; Der Melder 62, Juni 2006, S. 1.

5.2 Ermittlungen der Staatsanwaltschaft

Gemäß einer Verfügung der „Zentralstelle im Lande Nordrhein-Westfalen für die Bearbeitung von nationalsozialistischen Massenverbrechen in Konzentrationslagern bei dem Leitenden Oberstaatsanwalt in Köln" wurde am 20. Dezember 1961 gegen sämtliche noch lebende Angeklagte aus dem Dachauer Buchenwald-Prozess jeweils ein gesondertes Ermittlungsverfahren wegen des Verdachts der Beihilfe zum Mord eingeleitet.[396] Es sollte überprüft werden, „ob sich gegen sie ein Tatverdacht wegen noch verfolgbarer strafbarer Handlungen begründen läßt, die nicht in dem Buchenwaldprozeß bereits abschließend untersucht worden sind."[397] Bei den Ermittlungen im Verfahren gegen Bender wurden etliche ehemalige Buchenwaldhäftlinge angeschrieben und verhört: es überwog jedoch – wie auch schon im Buchenwald-Prozess – der Gesamteindruck der entlastenden Zeugenaussagen durch ehemalige Funktionshäftlinge gegenüber dem Belastungsmaterial (siehe Kap. 3.4.1).[398] Bender wurde zweimal, am 22. Januar 1964[399] und am 20. März 1967[400], persönlich durch die Staatsanwaltschaft Köln vernommen, wobei er zahlreiche apologetische Falschangaben machte und sich insgesamt für vollkommen schuldlos erklärte – er habe sich „zu jeder Zeit getreu dem Eid des Hippokrates verhalten."[401] Er suggerierte durch ein scheinbar offenes und ehrliches Auftreten außerdem einen inneren Gesinnungswandel, der nach dem bisher Gesagten

---

396 Vgl. Verfügung der Einleitung von gesonderten Ermittlungsverfahren gegen die noch lebenden Angeklagten des Buchenwald-Prozesses wegen des Verdachts der Beihilfe zum Mord durch den Leitenden Oberstaatsanwalt beim Landgericht Köln vom 20.12.1961, LA NRW, Rep. 118 Nr. 2.

397 Ebd.

398 Vgl. die Zeugenaussagen in LA NRW, Rep. 118 Nr. 2–4; außerdem die Begründung der Verfügung der Einstellung des Ermittlungsverfahrens gegen August Bender wegen des Verdachts der Beihilfe zum Mord durch Staatsanwalt Dr. Korsch vom 13.08.1971, LA NRW, Rep. 118 Nr. 2.

399 Vgl. Vernehmung von August Bender durch Staatsanwalt Dr. Korsch am 22.01.1964, LA NRW, Rep. 118 Nr. 2.

400 Vgl. Vernehmung von August Bender durch Staatsanwalt Dr. Korsch am 20.03.1967, LA NRW, Rep. 118 Nr. 2.

401 Vernehmung von August Bender durch Staatsanwalt Dr. Korsch am 22.01.1964, LA NRW, Rep. 118 Nr. 2.

doch sehr fragwürdig und punktuell erscheinen muss. Auf die Frage, ob er sich auch heute noch als Nationalsozialist bezeichnen würde, antwortete er mit Verweis auf eine innere Umkehr und die Haltung der HIAG:

> „Nein, keinesfalls. Ich stehe keiner heutigen politischen Partei nahe und möchte mich ganz allgemein als nationaldenkend bezeichnen. Ich bin auch noch während des Krieges Nationalsozialist gewesen und bejahte das System durchaus. Nachdem ich Einblick in das System der Konzentrationsläger genommen hatte, gelangte ich zur der Überzeugung, dass hier etwas ‚schiefgehen‘ müsse. Ich sah den Fehler allerdings nicht im System begründet, sondern suchte die Schuld im Versagen und der Böswilligkeit mancher Funktionäre. Zu einer inneren Wandlung ist es bei mir erst nach der Entlassung aus amerikanischer Haft gekommen, als ich unbeeinflußt nachdenken konnte und mich objektiv informieren durfte. Ich bejahe heute die Demokratie in der Ausprägung der Bundesrepublik. Dies ist auch nach meiner Überzeugung die Haltung der HIAG, der ich angehöre."[402]

Letztlich ergab die Prüfung des Verdachts der Beihilfe zum Mord keine stichhaltigen Beweise. Die Verfügung der Einstellung des Verfahrens vom 13. August 1971 kommt unter Verweis auf die entlastenden Aussagen der Funktionshäftlinge zu dem Schluss, es sei nicht auszuschließen, „daß das Belastungsmaterial gegen den Beschuldigten teilweise eine Projektion von Taten <u>verstorbener</u> Buchenwaldärzte wie Dr. Eisele, Dr. Schiedlausky und Dr. Ding-Schuler auf den noch <u>lebenden</u> Dr. Bender darstellt."[403] Damit sei „eine erneute Strafverfolgung des Beschuldigten nicht mehr möglich", „da den amerikanischen Strafverfolgungsbehörden Art und Umfang der Tätigkeit Dr. Benders im KL Buchenwald bekannt gewesen sind."[404]

Wie Bender seine Tätigkeit in Buchenwald zunehmend verklärte, bezeugt seine Aussage im Prozess gegen den ehemaligen RSHA-Angehörigen Franz Königshaus u. a. wegen Massentötungen sowjetischer Kriegs-

---

402 Ebd.

403 Verfügung der Einstellung des Ermittlungsverfahrens gegen August Bender wegen des Verdachts der Beihilfe zum Mord durch Staatsanwalt Dr. Korsch vom 13.08.1971, LA NRW, Rep. 118 Nr. 2.

404 Ebd.

gefangener 1970. Bender sagte hier auf seine von Häftlingen bezeugte
– und auch nie abgestrittene – Tätigkeit als Lagerarzt in Buchenwald hin
befragt: „Arzt im Lager gleich Lagerarzt. Personenverwechslungen kamen
und kommen immer wieder vor. Es dürfte sich auch in diesem Fall um
eine Fehlbeurteilung handeln."[405]

---

[405] Vernehmung von August Bender durch Kriminalhauptmeister Hinkelmann am 16.03.1970, BA
Ludwigsburg, B 162/4542, Teilverfahren E 1.

5.3 Eine späte Auseinandersetzung mit der Vergangenheit?

Nachdem Benders Frau Hildegard bereits im November 1985 verstorben war[406] und er seine ausgedehnte landärztliche Praxis 1988 im Alter von 78 aufgab[407], widmete er sich verstärkt seiner Vergangenheit. Sprach Bender mit seiner Familie auch nur selten über das, „was er im Krieg erlebt hatte"[408], schrieb er es im Ruhestand umso ausführlicher auf. In den 70-seitigen handschriftlichen Memoiren, die er im Dezember 1993 verfasste, berichtet er detailliert über seine Tätigkeit im KZ Buchenwald und zahlreiche SS-Kameraden.[409] Seinem Sohn Walter war der Inhalt der „Akten", wie er es nennt, bis zum Schluss unbekannt.[410] Die Aussagen in Benders Memoiren sind insgesamt sehr ambivalent; sie zeugen von einer verklärten Weltsicht und sind in gewisser Weise sicher auch eine Vergangenheitsbewältigung durch Verklärung. Das deckt sich damit, dass Benders Sohn Walter sagt, sein Vater sei „leichtgläubig" und „blauäugig" gewesen.[411] Einerseits werden Häftlinge vorbehaltlos als fähige Kollegen beschrieben und kein schlechtes Wort wird über sie verloren, andererseits schwärmt Bender für ebenjene, die den Tod von Tausenden von Menschen zu verantworten hatten. Das Konzentrationslager nennt er zunächst „ein in sich lebensfähiges Gebilde"[412], beklagt dann aber auf den nächsten Seiten die katastrophalen sanitären Verhältnisse. Besonders geschmacklos mutet Benders Leugnung der Existenz von Gaskammern an: „In den Gaskammern wurden tausende vernichtet.' Stimmt: Läuse und sonstiges Ungeziefer."[413] Wie tief Bender in seinen realitätsfernen Fantastereien und ungebrochen rassistischem

---

[406] Vgl. Vermerk über den Tod von Hildegard Bender am 25.11.1985 (Standesamt Aachen Nr. 2323/1985) auf dem Eintrag im Heiratsregister Chemnitz II, Nr. 151/1939.

[407] Vgl. Wirtz 2006; Schweda 2012.

[408] Walter Bender, zit. n. Schweda 2012.

[409] Vgl. Memoiren August Bender vom Dezember 1993, BA Koblenz, N 1788/4.

[410] Vgl. Schweda 2012.

[411] Vgl. ebd.

[412] Memoiren August Bender, Abschnitt „K. L. Buchenwald" vom Dezember 1993, BA Koblenz, N 1788/4.

[413] Ebd.

Abb. 31: August Bender, vermutlich um 1980.
Quelle: Amtsblatt für die Gemeinde Vettweiß 3/2006

Gedankengut gefangen war, bezeugt auch seine Annahme, Himmler sei bei Kriegsende von den Briten „mit einem Sandsack-Schläger das Genick zertrümmert"[414] worden – die Geschichte von seinem Suizid sei eine englische Lüge. Insgesamt gibt sich seine Darstellung sehr amerikafeindlich, an den Besatzern lässt er kein gutes Haar. Zur „Ami-Mentalität" schreibt er: „Dortige Kasernen-Blocks waren eingedrahtet. [...] Die Kasernen vollgestopft mit Negern!"[415] Auffällig ist außerdem ein Hang zu übertriebener Selbststilisierung – auch auf Kosten der Wahrheit. Betont werden immer wieder ein humanes Handeln und besondere Fachkenntnis; ebenso der Respekt und die Anerkennung Anderer. Was man in den Memoiren vergebens sucht, sind Worte der Selbstkritik, des Schuldbekenntnisses und der Einsicht. Wie Ursula Reuter schreibt, war Bender „zu einer Reflexion seiner Verstrickung in das verbrecherische NS-System weder fähig noch willens."[416]

---

414 Memoiren August Bender, Abschnitt „Himmler" vom Dezember 1993, BA Koblenz, N 1788/4.
415 Memoiren August Bender, Abschnitt „Ding-Schuler" vom Dezember 1993, BA Koblenz, N 1788/4.
416 Reuter 2015, S. 104.

5.4 Die Vettweißer Menora als Antiquität im Hause Bender

Kurz vor Benders Tod offenbarte sich noch ein interessantes Detail: Bereits
Mitte der 1960er Jahre hatte Bender zur Begleichung einer Arztrechnung
vom Vettweißer Landwirt Bernhard Weber die Menora aus der im Novem-
berpogrom 1938 geschändeten Synagoge in Vettweiß erhalten. Der Landwirt, der gegenüber der Synagoge wohnte, hatte die Menora wohl vor der
Zerstörung retten können und nahm sie an sich.[417] Bender ließ den sieben-
armigen Leuchter bei einem örtlichen Handwerker restaurieren und stellte
ihn auf einem Treppenpodest in seinem Wohnhaus auf[418] – er betrachtete
das von den Nazis erbeutete jüdische Kulturgut wohl lediglich als schicke
Antiquität. Über seine Geschichte sei nicht gesprochen worden, „aber ab
und zu wurde er wie andere Sammlerstücke Besuchern gezeigt.“[419] Immer-
hin war Bender am Ende seines Lebens daran gelegen, dass die Menora „in
gute Hände“ gelangen sollte.[420] So kam sie 2005, kurz vor Benders Tod,
durch die Vermittlung von Ludger Dowe, dem ehemaligen Leiter der VHS
des Kreises Düren, in den Besitz des Landschaftsverbandes Rheinland. Zur
Herkunft der Menora habe Bender damals nur ausweichende Antworten
gegeben.[421] Inzwischen wurde die Provenienzgeschichte umfassend aufgear-
beitet.[422] Vor dem Hintergrund von Benders Vergangenheit ist interessant,
dass auf der Erläuterungstafel im LVR-Kulturhaus Landsynagoge Rödingen
zur Herkunft nur angegeben ist: „Schenkung: Dr. August Bender, Kelz“.[423]

---

417 Vgl. ebd., S. 103; Giesen, Burkhard: Ehemaliger KZ-Arzt Bender: Ein Nachlass mit Beigeschmack,
in: Aachener Zeitung, 28.12.2012, online: http://www.aachener-zeitung.de/lokales/juelich/ehemaliger-
kz-arzt-bender-ein-nachlass-mit-beigeschmack-1.432402 [Zugriff: 01.03.2018].

418 Vgl. Reuter 2015, S. 103.

419 Ebd.

420 Vgl. ebd., S. 105.

421 Vgl. ebd.; Giesen 2012.

422 Vgl. Reuter 2015.

423 Vgl. Giesen 2012. Die Angabe findet sich auch heute (2018) noch unkommentiert auf der Er-
klärungstafel.

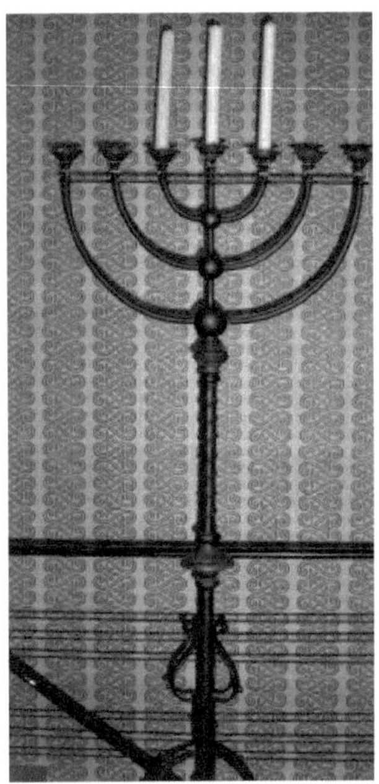

Abb. 32: Menora aus der Vettweißer Synagoge im Wohnhaus Benders, 2005.
Quelle: Reuter, Ursula: Der Leuchter aus der Synagoge in Vettweiß. Zur Geschichte eines Objekts und seiner Besitzer, in: Kreisjahrbuch Düren 2015, S. 97–106 (Foto: Monika Grübel, LVR)

6. Fazit: Tod und Andenken

Am 29. Dezember 2005 verstarb August Bender im Alter von 96 Jahren.[424] Er liegt bestattet auf dem Kreuzauer Friedhof.[425] Der Ortsvorsteher von Vettweiß-Kelz nannte ihn in einem Nachruf wertschätzend „unseren Doktor" und würdigte – augenscheinlich nicht zu Unrecht – seine Tätigkeit als Landarzt: „Dr. Bender kannte die Seinen, er sprach ihre Sprache."[426] Obwohl seine NS-Vergangenheit im Ort nicht unbekannt war, widmeten ihm die Kultur- und Naturfreunde Kelz gemeinsam mit zwei anderen „verdienten" Persönlichkeiten des Ortes sogar eine Gedenktafel im Kulturhaus.[427] Und so „findet man kaum jemanden, der ein schlechtes Wort über August Bender verliert."[428] Die Dorfgemeinschaft bewahrte ihm ein ehrendes Andenken.

Die vorliegende Arbeit hat den Versuch unternommen, die Biografie des SS-Arztes August Bender nachzuzeichnen. Dabei haben sich vor allem Probleme durch die oft widersprüchlichen Aussagen und ihre Nicht-Überprüfbarkeit ergeben. Insgesamt konnte aber einiges Licht auf das Leben Benders und seine Tätigkeit im KZ Buchenwald geworfen werden. Auch wurden Benders verklärte Selbstwahrnehmung in der Nachkriegszeit deutlich und die Bestrebungen für die bedingungslose Rehabilitation von NS-Tätern in der Nachkriegsgesellschaft. Bender war in der Gesamtschau gesehen kein besonders sadistischer SS-Arzt und an medizinischen Versuchen und persönlichen Grausamkeiten nicht beteiligt, mit Werner Scherf war er jedoch „ein dienendes Glied im Buchenwalder SS-Lagerbetrieb."[429] Er gehörte zu ebenjenen kleinen Rädchen im Getriebe, die die Verbrechen des NS-Systems ermöglichten. Ein Unrechtsbewusstsein hatte Bender

---

424 Vermerk über den Tod von August Bender am 29.12.2005 (Standesamt Düren Nr. 1488/2005) auf dem Eintrag im Geburtenregister Kreuzau Nr. 26/1909.

425 Mail der Abt. 2.2 Kommunale Dienste der Gemeinde Kreuzau an den Vf. vom 16.03.2018.

426 Wirtz 2006.

427 Vgl. Persönlichkeiten eine neue Tafel gewidmet, in: Amtsblatt für die Gemeinde Vettweiß 5/2006, S. 14–15. Die Gedenktafel ist inzwischen abgehängt (vgl. Reuter 2015, Anm. 22).

428 Schweda 2012.

429 Scherf 1987, S. 215.

Abb. 33: August Bender, 1997.
Quelle: Privat/Ursula Gerhard

nie. Auf geradezu realitätsferne Weise verklärte er seine Rolle als Lagerarzt im KZ und war bis ins hohe Alter zu einer kritischen Auseinandersetzung mit der eigenen Vergangenheit und der NS-Ideologie nicht bereit. Dies wird insbesondere deutlich durch seine aktive Tätigkeit in der
HIAG. Durch seine verzerrte Realitätswahrnehmung gelang es ihm, sich
bis zum Schluss ein reines Gewissen und tadelloses Selbstbild zu erhalten.

Quellen- und Literaturverzeichnis

I. Quellen

<u>a) unveröffentlicht</u>

Bundesarchiv Berlin (BA Berlin)
R 9361 IX/2340384, NSDAP-Gaukartei, August Bender, 02.03.1909.
R 9347, Eintrag im Reichsarztregister der KV Deutschland, August Bender, 02.03.1909.
R 9361 III/516482, SSO-Akte August Bender, 02.03.1909.
R 9361 III/10619, RuSHA-Akte August Bender, 02.03.1909.

Bundesarchiv Koblenz (BA Koblenz)
N 1788/1–10, Nachlass August Bender, 02.03.1909.

Bundesarchiv Ludwigsburg (BA Ludwigsburg)
B 162/26394, Az. 413 AR 178/65, Ermittlungsakten im Verfahren gegen August Bender.
B 162/4542, Az. AR 1310/63, Teilverfahren E 1.

Deutsche Dienststelle für die Benachrichtigung der nächsten Angehörigen von Gefallenen der ehemaligen deutschen Wehrmacht (WASt)
Personalunterlagen August Bender, 02.03.1909.

Gemeindearchiv Kreuzau
10.0-1, Entnazifizierungsausschuss 1946–1951, Michael Bender.

International Tracing Service Bad Arolsen (ITS Bad Arolsen)

1.1.26.7, Teilbestand War Crimes Investigations Verbrechen Konzentrationslager Mauthausen.

1.1.5.0, Teilbestand Allgemeine Informationen Konzentrationslager Buchenwald.

1.1.5.1, Teilbestand Listenmaterial Konzentrationslager Buchenwald.

1.1.5.3, Teilbestand Individuelle Unterlagen Männer Buchenwald.

4.2, Teilbestand Medizinische Versuche und „Euthanasie".

5.1, Teilbestand NS-Prozesse.

6.1.1, Teilbestand Vorgängerorganisationen.

Landesarchiv Nordrhein-Westfalen, Abteilung Rheinland (LA NRW)

NW 1081/4498, Entnazifizierungsakte August Bender.

Rep. 118 Nr. 2–4, Az. 130 (24) Js 976/61 (Z), Ermittlungsakten der Staatsanwaltschaft Köln im Verfahren gegen August Bender wegen des Verdachtes der Beihilfe zum Mord, 1961–1971.

Standesamt Chemnitz

Heiratsregister Chemnitz II.

Standesamt Kreuzau

Geburtenregister Kreuzau.

U.S. National Archives and Records Administration (NARA)

RG 549, War Crimes Trials Case Files, 000-50-9, Box 447, Folder No. 1.

RG 549, WCPL, Box 6, August Bender.

b) veröffentlicht

An Information Booklet on the Buchenwald Concentration Camp Case. Prepared by the Prosecution Staff, Dachau 1947.

Annonce Dr. med. A. Bender, Ärztliche Bekanntmachungen, in: Aachener Nachrichten Nr. 135 vom 08.10.1949, S. 9.

Bender, August: Chorioretinitis. Sehstörung und Lebensdauer, Kreuzau 1935 (zugl.: Kiel, Univ., Diss., 1935).

D'Alquen, Gunter: Die SS. Geschichte, Aufgabe und Organisation der Schutzstaffel der NSDAP, Berlin 1939.

Deputy Judge Advocate's Office, 7708 War Crimes Group, European Command: United States vs. Josias Prinz zu Waldeck et al., Case No. 000-50-9. Review and Recommendations of the Deputy Judge Advocate for War Crimes, 15.11.1947, online: http://www.online.uni-marburg. de/icwc/dachau/000-050-0009.pdf [Zugriff: 01.03.2018].

Der 11. April 1945, in: Hackett, David A. (Hrsg.): Der Buchenwald-Report. Bericht über das Konzentrationslager Buchenwald bei Weimar, München 1996, S. 375–377.

„Für Wahrheit und Gerechtigkeit". Das Bekenntnis des Monsignore Morgenschweis, Teil VI, in: Der Freiwillige 4/1973, S. 6 f.

Gärtig, Carl: Schlemmerleben auf Kosten der Häftlinge, in: Hackett, David A. (Hrsg.): Der Buchenwald-Report. Bericht über das Konzentrationslager Buchenwald bei Weimar, München 1996, S. 160–161.

HIAG Düren: Gedenken an Hans Waldmüller und Karl Markart, in: Der Freiwillige 1/1985, S. 24 f.

HIAG Düren: Totenehrung am Grabe von Hans Waldmüller, in: Der Freiwillige 1/1975, S. 25.

Leeser, Kurt: Hauptsturmführer Dr. Hofer, in: Hackett, David A. (Hrsg.): Der Buchenwald-Report. Bericht über das Konzentrationslager Buchenwald bei Weimar, München 1996, S. 257–258.

Offermann, Werner: „Soldaten wie andere auch". Zu dem Artikel „Totenkopf-Treffen schadet uns allen" von K. H. Pruys in der AVZ NR. 77, in: Aachener Volkszeitung Nr. 83 vom 07.04.1984.

Persönlichkeiten eine neue Tafel gewidmet, in: Amtsblatt für die Gemeinde Vettweiß 5/2006, S. 14–15.

Rue, Larry: German Medic Tells Patterns of Brutalities, in: Chicago Tribune vom 14. Februar 1949, S. 3, online: http://chicagotribune.newspapers.com/image/372602701/?terms=German+Medic+Tells+Patterns+of+Brutalities [Zugriff: 01.03.2018].

von Salomon, Ernst: Der Fragebogen, Hamburg 1951.

SS-Personalhauptamt: Dienstaltersliste der Schutzstaffel der NSDAP (SS-Obersturmbannführer und SS-Sturmbannführer). Stand vom 1. Oktober 1943, Berlin 1943.

Wirtz, Karl: „Unser Doktor" starb im Dezember, in: Amtsblatt für die Gemeinde Vettweiß 3/2006, S. 14.

Zak, Jiri: Der Gesundschreibe-Doktor, in: Hackett, David A. (Hrsg.): Der Buchenwald-Report. Bericht über das Konzentrationslager Buchenwald bei Weimar, München 1996, S. 257.

II. Literatur

Ammann, Thomas/Aust, Stefan: Hitlers Menschenhändler: Das Schicksal der „Austauschjuden", Berlin 2013.

Bosch, Erhard: Die OT-Ärztin Dr. Erika Flocken, in: Das Mühlrad 53 (2011), S. 203–222.

Davidsen-Nielsen, Hans u. a.: Carl Værnet. Der dänische SS-Arzt im KZ Buchenwald. Aus dem Dänischen von Kurt Krickler. Mit einem Vorwort von Günter Grau und einem ergänzenden Kapitel über Eugen Steinach von Florian Mildenberger, Wien 2004.

Falter, Jürgen W.: Die „Märzgefallenen" von 1933: Neue Forschungsergebnisse zum sozialen Wandel innerhalb der NSDAP-Mitgliedschaft während der Machtergreifungsphase (1998), in: Historical Social Research, Supplement 25 (2013), S. 280–302.

Frei, Norbert: Vergangenheitspolitik. Die Anfänge der Bundesrepublik und die NS-Vergangenheit, München 1996.

Frevert, Ute: Frauen, in: Benz, Wolfgang u. a. (Hrsg.): Enzyklopädie des Nationalsozialismus, Stuttgart ³1998, S. 220–234.

Giesen, Burkhard: Ehemaliger KZ-Arzt Bender: Ein Nachlass mit Beigeschmack, in: Aachener Zeitung, 28.12.2012, online: http://www.aachener-zeitung.de/lokales/juelich/ehemaliger-kz-arzt-bender-ein-nachlass-mit-beigeschmack-1.432402 [Zugriff: 01.03.2018].

Greiser, Katrin: Die Dachauer Buchenwald-Prozesse. Anspruch und Wirklichkeit – Anspruch und Wirkung, in: Eiber, Ludwig/Sigel, Robert (Hrsg.): Dachauer Prozesse. NS-Verbrechen vor amerikanischen Militärgerichten in Dachau 1945–1948. Verfahren, Ergebnisse, Nachwirkungen (= Dachauer Symposien zur Zeitgeschichte), Göttingen 2007, S. 160–173.

Greiser, Katrin: Die Todesmärsche von Buchenwald. Räumung, Befreiung und Spuren der Erinnerung, Göttingen 2008 (zugl.: Lüneburg, Univ., Diss., 2006).

Gründel, Günther: Die Sendung der jungen Generation. Versuch einer umfassenden revolutionären Sinndeutung der Krise, München 1932.

Hahn, Judith: Grawitz, Genzken, Gebhardt. Drei Karrieren im Sanitätsdienst der SS, Münster 2008.

Hein, Bastian: Die SS. Geschichte und Verbrechen (= C. H. Beck Wissen), München 2015.

Herbert, Ulrich: NS-Eliten in der Bundesrepublik, in: Loth, Wilfried/Rusinek, Bernd-A. (Hrsg.): Verwandlungspolitik. NS-Eliten in der westdeutschen Nachkriegsgesellschaft, Frankfurt a. M./New York 1998, S. 93–115.

Hilton, Fern Overbey: The Dachau Defendants. Life Stories from Testimony and Documents of the War Crimes Prosecutions, Jefferson/London 2004.

Kater, Michael H.: ‚Volksgesundheit‘. Ein biopolitischer Begriff und seine Anwendung, in: Lehmann, Hartmut/Oexle, Otto G. (Hrsg.): Nationalsozialismus in den Kulturwissenschaften, Bd. 2: Leitbegriffe – Deutungsmuster – Paradigmenkämpfe. Erfahrungen und Transformationen im Exil (= Veröffentlichungen des Max-Planck-Instituts für Geschichte 211), Göttingen 2004, S. 101–114.

Kirchhoff, Wolfgang: Schulzahnärzte im NS-System, in: Groß, Dominik u. a. (Hrsg.): Zahnärzte und Zahnheilkunde im „Dritten Reich". Eine Bestandsaufnahme (= Medizin und Nationalsozialismus 6), Berlin 2018, S. 147–167.

Kogon, Eugen: Der SS-Staat. Das System der deutschen Konzentrationslager, München [43]2006.

Krüger, Charlotte: Mein Großvater, der Fälscher. Eine Spurensuche in der NS-Zeit, München 2015.

Lebert, Norbert: Gudrun Himmler, in: ders./Lebert, Stephan (Hrsg.): Denn Du trägst meinen Namen. Das schwere Erbe der prominenten Nazi-Kinder, München 2002, S. 138–158.

Leo, Annette: Das Kind auf der Liste. Die Geschichte von Willy Blum und seiner Familie, Berlin 2018.

Leo, Rudolf: Der Nationalsozialismus im Pinzgau (Land Salzburg) 1930 bis 1945. – Widerstand und Verfolgung. Diktatur in der Provinz, Wien, Univ., Diss., 2012, online: http://othes.univie.ac.at/23576/ [Zugriff: 01.03.2018].

Niethammer, Lutz: Die Mitläuferfabrik. Die Entnazifizierung am Beispiel Bayerns, Berlin/Bonn 1982.

Niven, Bill: Das Buchenwaldkind. Wahrheit, Fiktion und Propaganda. Aus dem Englischen von Florian Bergmeier, Halle/Saale 2009.

Orth, Karin: Die Konzentrationslager-SS. Sozialstrukturelle Analysen und biographische Studien, Göttingen 2000.

Orth, Karin: Gab es eine Lagergesellschaft? „Kriminelle" und politische Häftlinge im Konzentrationslager, in: Frei, Norbert u. a. (Hrsg.): Ausbeutung, Vernichtung, Öffentlichkeit. Neue Studien zur nationalsozialistischen Lagerpolitik (= Darstellungen und Quellen zur Geschichte von Auschwitz 4), München 2000, S. 109–133.

Poloncarz, Marek: Die Evakuierungstransporte nach Theresienstadt (April–Mai 1945), in: Theresienstädter Studien und Dokumente 6 (1999), S. 242–262.

Przyrembel, Alexandra: Der Bann eines Bildes. Ilse Koch, die „Kommandeuse von Buchenwald", in: Eschebach, Insa u. a. (Hrsg.): Gedächtnis und Geschlecht. Deutungsmuster in Darstellungen des nationalsozialistischen Genozids, Frankfurt a. M./New York 2002, S. 245–267.

Przyrembel, Alexandra: Ilse Koch – „normale" SS-Ehefrau oder „Kommandeuse" von Buchenwald?, in: Mallmann, Klaus-Michael/Paul, Gerhard (Hrsg.): Karrieren der Gewalt. Nationalsozialistische Täterbiographien, Darmstadt 2004, S. 126–133.

Pukrop, Marco: Die SS-Karrieren von Dr. Wilhelm Berndt und Dr. Walter Döhrn. Ein Beitrag zu den unbekannten KZ-Ärzten der Vorkriegszeit, in: Werkstatt Geschichte 62 (2012), S. 76–93.

Raim, Edith: Die Dachauer KZ-Außenkommandos Kaufering und Mühldorf. Rüstungsbauten und Zwangsarbeit im letzten Kriegsjahr 1944/45, Landsberg am Lech 1992.

Raithel, Thomas: Die Strafanstalt Landsberg am Lech und der Spöttinger Friedhof (1944–1958). Eine Dokumentation im Auftrag des Instituts für Zeitgeschichte München, München 2009.

Reuter, Ursula: Der Leuchter aus der Synagoge in Vettweiß. Zur Geschichte eines Objekts und seiner Besitzer, in: Kreisjahrbuch Düren 2015, S. 97–106.

Richardi, Hans-Günter: SS-Geiseln in der Alpenfestung. Die Verschleppung prominenter KZ-Häftlinge aus Deutschland nach Südtirol, Bozen 2015.

Schacht, Klaus: Probleme bei der Beurteilung von Zeugenaussagen in Verfahren wegen NS-Verbrechen, in: Justizministerium des Landes Nordrhein-Westfalen (Hrsg.): Die Zentralstellen zur Verfolgung nationalsozialistischer Gewaltverbrechen – Versuch einer Bilanz (= Juristische Zeitgeschichte NRW 9), Düsseldorf 2001, S. 63–71.

Scherf, Werner: Die Verbrechen der SS-Ärzte im KZ Buchenwald – der antifaschistische Widerstand im Häftlingskrankenbau. 2. Beitrag: Juristische Probleme, Berlin, Humboldt-Univ., Diss., 1987.

Schimnick, Uwe: Die „Hilfsgemeinschaft auf Gegenseitigkeit" (HIAG) im Spiegel nordrhein-westfälischer Verfassungsschutzakten, in: Niederhut, Jens/Zuber, Uwe (Hrsg.): Geheimschutz transparent? Verschlusssachen in staatlichen Archiven, Essen 2010, S. 59–74.

Schmidt, Mathias/Groß, Dominik/Westemeier, Jens: Dr. Hermann Pook – „Leitender Zahnarzt" der Konzentrationslager, in: Groß, Dominik u.a. (Hrsg.): Zahnärzte und Zahnheilkunde im „Dritten Reich". Eine Bestandsaufnahme (= Medizin und Nationalsozialismus 6), Berlin 2018, S. 113–127.

Schmidt, Ulf: Karl Brandt: The Nazi Doctor. Medicine and Power in the Third Reich, London/New York 2007.

Schweda, Claudia: Der Landarzt, der ein KZ-Arzt war, in: Dürener Zeitung Nr. 198/140 vom 25.08.2012.

Seidler, Franz W.: Dr. med. Erika Flocken. Opfer der US-Militärjustiz, in: Kosiek, Rolf/Rose, Olaf (Hrsg.): Der Große Wendig. Richtigstellungen zur Zeitgeschichte, Bd. 4, Tübingen 2017, S. 586–596.

Smith, Arthur L., Jr.: Der Fall Ilse Koch. Die Hexe von Buchenwald, Köln 1983.

Stein, Harry: „Nackt unter Wölfen" – literarische Fiktion und Realität einer KZ-Gesellschaft, online: https://www.buchenwald.de/fileadmin/user_upload/apitzthilm.pdf [Zugriff: 01.04.2019].

Stein, Harry: Konzentrationslager Buchenwald 1937–1945. Begleitband zur ständigen historischen Ausstellung, Göttingen 1999.

Sydnor, Charles W., Jr.: Soldaten des Todes. Die 3. SS-Division „Totenkopf" 1933–1945. Aus dem Englischen übers. v. Karl Nicolai, Paderborn u. a. 2007.

Weichert, Klaus: 100 Jahre Justizvollzugsanstalt Landsberg am Lech, Landsberg am Lech 2008.

Westemeier, Jens: Himmlers Krieger. Joachim Peiper und die Waffen-SS in Krieg und Nachkriegszeit (= Krieg in der Geschichte 71), Paderborn u. a. 2014.

Wildt, Michael: Generation des Unbedingten. Das Führungskorps des Reichssicherheitshauptamtes, Hamburg 2002.

Wilke, Karsten: Die „Hilfsgemeinschaft auf Gegenseitigkeit" (HIAG)

1950–1990. Veteranen der Waffen-SS in der Bundesrepublik, Paderborn u. a. 2011.

Wittler, Christina: Leben im Verborgenen. Die Witwe des „Reichsführers SS" Heinrich Himmler Margarete Himmler (1893–1967), in: Sunderbrink, Bärbel (Hrsg.): Frauen in der Bielefelder Geschichte, Bielefeld 2010, S. 193–205.

Abbildungsverzeichnis

Personenregister

A

B

C

D

Dupont, Victor *56*
Durst, Robert D. *78*
Dvorak, Richard *56 f.*

E

Eisele, Hans *79, 87, 100*
Ellenbogen, Edwin Katzen *75 f., 79 f.*

F

Fischer, Fritz *83*
Flocken, Erika *91 f.*

G

Genzken, Karl *20, 27 f., 34, 35 f., 38*
Gerhard, Inge *91 f.*
Greunuss, Werner *79*
Grill, Wilhelm *87*
Gymnich, Louis Napoleon *57 f.*

H

Hammer, Ulrich *72 f.*
Hausser, Paul *72 f.*
Heine, Leopold *16*
Hellmuth, Otto *87*
Herbert, Ulrich *94*
Hierthes, Heimo *31*
Himmler, Heinrich *32 f.*
Himmler, Margarete *91 f.*
Hönig, Karl *54*
Hofer, Peter *38–40*
Hoffmann, Kurt *74*
Horn, Vitezslav *57*
Hoven, Waldemar *39*
Huber, Karl *54 f.*

Danksagung

Die vorliegende Arbeit entstand zum größten Teil im Rahmen eines Forschungsseminars zu SS-Medizinern am Historischen Institut der RWTH Aachen. Zuallererst möchte ich mich herzlich bei Herrn Dr. Jens Westemeier und Herrn Dr. Mathias Schmidt bedanken, ohne deren Unterstützung und fachkundigen Rat die Arbeit nicht in der vorliegenden Form hätte veröffentlicht werden können. Herrn Schmidt verdanke ich überdies die Endkorrektur des Manuskripts. Besonders danke ich außerdem Jannik Hamraths, der maßgeblich an der Entstehung der Arbeit mitgewirkt hat. Ihm verdanke ich zahlreiche gute Gespräche und etliche Stunden unterstützende Recherchearbeit. Dem Bertram-Wieland-Archiv für die Geschichte der Arbeiterbewegung e. V. in Düren, namentlich Dominik Clemens, Heiner Krüger und Lothar Böling, gebührt mein herzlicher Dank für die große Unterstützung bei der Veröffentlichung meiner Forschungsergebnisse. In diesem Zusammenhang danke ich auch Ludger Bentlage vom DGB-Kreisverband Düren ganz herzlich. Ferner danke ich Herrn Karl-J. Uerlichs, Herrn Dr. Horst Wallraff, Frau Dr. Ursula Reuter, Monika Grübel und Claudia Schweda für das Interesse an meiner Arbeit und wertvolle Hinweise. Ursula Gerhard danke ich für spannende Anekdoten, Kontakthinweise und die Bereitstellung einer Privataufnahme von August Bender. Zu guter Letzt möchte ich mich bei den Mitarbeiter*innen der Archive und Stadt- und Gemeindeverwaltungen für ihre Auskünfte und Unterstützung bei der Recherche bedanken.

Nico Biermanns
Aachen, im April 2019

Zum Autor

Nico Biermanns, B. A., Jahrgang 1993, studiert Geschichte und Germanistik an der RWTH Aachen. Schwerpunktmäßig beschäftigt er sich mit SS-Ärzten, der alliierten und bundesdeutschen Strafverfolgung von NS-Tätern sowie deren gesellschaftlicher Reintegration in der Bundesrepublik.